第3予想	学科　問題39

生命保険会社が破綻した場合、原則として、破綻した時点における（　①　）の（　②　）までの金額が生命保険契約者保護機構により補償される。ただし、高予定利率契約はこの限りではない。（→**3**）

1）①　保険金額　　　②　50%
2）①　解約返戻金　　②　80%
3）①　責任準備金　　②　90%

  ✷当たった!✷

本試験問題	学科　問題37

国内で事業を行う生命保険会社が破綻した場合、生命保険契約者保護機構による補償の対象となる保険契約については、高予定利率契約を除き、（　①　）の（　②　）まで補償される。（→**3**）

1）①　既払込保険料相当額　②　70%
2）①　死亡保険金額　　　　②　80%
3）①　責任準備金等　　　　②　90%

第1予想	学科　問題57

婚姻期間が（　①　）以上である配偶者から居住用不動産または居住用不動産を取得するために金銭の贈与を受け、贈与税の配偶者控除の適用を受けた場合、基礎控除額とは別に最高で（　②　）まで贈与税がかからない。（→**2**）

1）①　10年　②　1,000万円
2）①　20年　②　2,000万円
3）①　25年　②　2,500万円

  ✷当たった!✷

本試験問題	学科　問題57

贈与税の配偶者控除は、婚姻期間が（　①　）以上である配偶者から居住用不動産または居住用不動産を取得するための金銭の贈与を受け、所定の要件を満たす場合、贈与税の課税価格から基礎控除額のほかに最高で（　②　）を控除することができる特例である。（→**2**）

1）①　10年　②　2,000万円
2）①　20年　②　2,000万円
3）①　20年　②　2,500万円

あてるFPでかけこみ合格!

START

1 計算問題を完全攻略!

頻出の計算問題を収載。学科・実技の計算問題対策はこれで終了!

2 模試3回分にチャレンジ!

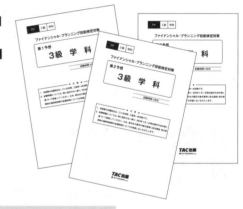

本試験を完全再現した模試3回分を解いて予行演習をしよう!

模試3箇条

・集中できる環境をつくる
・時間を計って解く
・解いたらすぐに復習する

3 直前つめこみノートを試験当日まで持ち歩こう!

これ1冊で20点アップ!　暗記ポイントがコンパクトにまとめられたノートで、移動中も学習できる!
市販の赤シートに対応。

4 「CBT模擬試験プログラム」にチャレンジ！

本書に付属しているCBT模試で試験本番に備えよう！

◆CBT模試で最後の追い込みをかけろ!!

実際のCBT試験そっくりに作られた「CBT模擬試験プログラム」をご用意しました！
本番と同じ環境を体験できます！　試験直前の対策もこれでバッチリ！
CBT方式独自の操作に慣れるためにも、一度は挑戦しておきましょう!!
PCまたはタブレットで利用可能！　もちろん無料で使えます！

アクセスはこちらから　| TAC出版 |　| 検索 |

https : //bookstore.tac-school.co.jp/pages/download_service/

① 「書籍連動ダウンロードサービス」にアクセス！

② パスワードを入力！　| 240511202 |

③ 「CBT模擬試験プログラム」に挑戦！

※　本プログラムは学科試験と実技試験（金財「個人資産相談業務」「保険顧客資産相談業務」、FP協会「資産設計提案業務」）に対応しています。
※　本特典の提供期間は、改訂版刊行月末日（2025年5月予定）までです。
※　この模擬試験プログラムはTAC出版が独自に製作したものです。実際の画面とは異なる場合がございますので、ご了承ください。

（免責事項）
(1)本アプリの利用にあたり、当社の故意または重大な過失によるもの以外で生じた損害、及び第三者から利用者に対してなされた損害賠償請求に基づく損害については一切の責任を負いません。
(2)利用者が使用する対応端末は、利用者の費用と責任において準備するものとし、当社は、通信環境の不備等による本アプリの使用障害については、一切サポートを行いません。
(3)当社は、本アプリの正確性、健全性、適用性、有用性、動作保証、対応端末への適合性、その他一切の事項について保証しません。
(4)各種本試験の申込、試験申込期間などは、必ず利用者自身で確認するものとし、いかなる損害が発生した場合であっても当社では一切の責任を負いません。

（推奨デバイス）PC・タブレット
（推奨ブラウザ）Microsoft Edge 最新版／ Google Chrome 最新版／ Safari 最新版
詳細は、下記URLにてご確認ください。
https : //tac-fp.com/login

 模試を制する者は本試験を制す！

2024年6月～2025年5月 までのCBT試験

FP技能検定3級　試験制度

法令基準日

2025年5月末までの法令基準日：**2024年4月1日**

試験概要

受験資格	特になし
試験実施団体	金財・日本FP協会
試験月	いつでも可（休止期間を除く）
試験方式	CBT方式
試験会場	全国のテストセンターから受検者が選択
申請方法	ネット申請のみ
受験料	学科・実技ともに4,000円
出題形式	学科　○×式 30問、三答択一式 30問 実技　三答択一式 15問（金財） 　　　三答択一式 20問（FP協会）
試験科目 （実技）	金財　　個人資産相談業務・保険顧客資産相談業務 　　　　（どちらか1つを選択） FP協会　資産設計提案業務
試験時間	学科　90分 実技　60分
合格基準	学科・実技ともに6割以上の得点
合格発表日	点数は試験終了後にその場で通知 合格発表は試験日翌月中旬

※　3級FP技能士を取得するためには、学科試験と実技試験の両方に合格する必要があります。同日に学科と実技の両方を受検することができます。学科試験あるいは実技試験のどちらかに合格した場合は、それぞれの試験が免除される、免除制度があります。ただし、一部合格による試験免除の期限は、合格した試験実施日の翌々年度末までとなっています。

試験実施団体

詳細は、下記の試験実施団体にお問い合わせください。

一般社団法人 金融財政事情研究会

HP：https://www.kinzai.or.jp/

TEL：03-3358-0771

NPO法人　日本FP協会

HP：https://www.jafp.or.jp/

TEL：03-5403-9890

CONTENTS

 20点UP!!　　直前つめこみノート

計 算 ド リ ル

「計算ドリル」で、頻出の計算問題を一気にマスターしましょう！

過去３回分の試験において、学科・金財（個人資産相談業務）・日本FP協会（資産設計提案業務）で合わせて２回以上計算問題が出題された頻出項目については、必ず問題を掲載しています。なお、１回しか出題されていない項目であっても、重要度が高いと判断したものについては掲載しています。

1 ライフプランニングと資金計画

●計算問題の出題歴

項　目	出題歴		
	2023.5	2023.9	2024.1
1．6つの係数	協	協	協
2．キャッシュフロー表	協	協	協
3．個人バランスシート	協	協	協
4．公的年金（老齢基礎年金）	金		金
5．社会保険（高額療養費）	協		

※ 学＝学科、金＝金財（個人資産相談業務）、協＝日本FP協会（資産設計提案業務）での出題歴を示す。

問　題

〈1．6つの係数〉

問1 元金500万円を年利2.0％で複利運用しながら、一定額を10年間にわたり取り崩す場合、毎年いくら受け取ることができるか求めよ。なお、税金は考慮しないものとする。

〈係数早見表（年利2.0％）〉

期間	資本回収係数	減債基金係数
10年	0.11133	0.09133

問2 年利1.0％で複利運用しながら毎年一定額を積立てて、10年後に800万円を用意したい場合、毎年いくらずつ積立てればよいかを求めよ。なお、税金は考慮しないものとする。

〈係数早見表（年利1.0％）〉

期間	減債基金係数	現価係数
10年	0.09558	0.9053

問3 年利2.0％で複利運用しながら10年間にわたり、毎年100万円ずつ取り崩す場合、必要な元本はいくらになるかを求めよ。なお、税金は考慮しないものとする。

〈係数早見表（年利2.0％）〉

期間	年金終価係数	年金現価係数
10年	10.950	8.983

〈2．キャッシュフロー表〉

問4 山田家のキャッシュフロー表の空欄（ア）（イ）にあてはまる数値を計算しなさい。なお、計算にあたっては、キャッシュフロー表中に記載の整数を使用し、計算結果については万円未満を四捨五入すること。

（単位：万円）

経過年数			現在	1年	2年	3年
西暦（年）			2024	2025	2026	2027
年齢・家族	山田　淳	本人	54歳	55歳	56歳	57歳
	美希	妻	52歳	53歳	54歳	55歳
ライフイベント				家のリフォーム		
		変動率				
収入	給与収入（夫）	1％	800			
	給与収入（妻）	—	0	0	0	0
	収入合計	—	800			
支出	基本生活費	1％	400		（　ア　）	
	住宅関連費	—	120	120	120	120
	保険料	—	35	35	35	35
	一時的支出	—	30			
	その他支出	—	35	35	35	35
	支出合計		620			
年間収支		—		15	150	55
金融資産残高		1％	1,500	1,530	（　イ　）	

※　作成の都合上、一部空欄にしてある。

※　年齢は各年12月31日現在のものとし、2024年を基準年とする。

※　記載されている数値は正しいものとする。

〈3. 個人バランスシート〉

問5 FPの藤田さんは、坂本家の（マンション購入後の）バランスシートを作成した。下表の空欄（ア）にあてはまる金額を計算しなさい。

【坂本家のバランスシート】　　　　　　　　　　　　　　　　　　　　（単位：万円）

[資産]		[負債]	
金融資産		住宅ローン	×××
普通預金	×××	自動車ローン	×××
定期預金	×××		
投資信託	×××	負債合計	×××
上場株式	×××		
生命保険（解約返戻金相当額）	×××		
不動産（マンション）	×××	[純資産]	（ア）
資産合計	×××	負債・純資産合計	×××

〈保有資産（時価）〉　　　　　（単位：万円）

金融資産	
普通預金	800
定期預金	600
投資信託	500
上場株式	300
生命保険（解約返戻金相当額）	500
不動産（マンション）	2,500

〈負債残高〉

住宅ローン　　　2,000万円

自動車ローン　　200万円

〈4. 公的年金（老齢基礎年金）〉

問6 現在、会社員の田村さんが58歳で退職し、その後60歳に達するまで国民年金の保険料を納付した場合、田村さんが原則として支給開始年齢から受給できる老齢基礎年金の年金額を算出する計算式は、次のうちどれか。なお、年金額は2024年度価額に基づいて計算するものとする。

田村さん（会社員）

生年月日：1965年5月10日

〔公的年金の加入歴（見込みを含む）〕

国民年金 24月（未加入）	厚生年金保険 432月		国民年金 24月
20歳	22歳	58歳	60歳

1） $816{,}000円 \times \dfrac{456月}{480月}$

2） $816{,}000円 \times \dfrac{456月 + 24月 \times \dfrac{1}{2}}{480月}$

3） $816{,}000円 \times \dfrac{456月 + 24月 \times \dfrac{1}{3}}{480月}$

〈5．社会保険（高額療養費）〉

問7 米田さんは現在52歳であり、会社の定期健康診断で胃腸の異常を指摘され、2024年6月に3週間ほど入院して治療を受けた。その際の病院への支払いが高額であったため、健康保険の高額療養費制度によって給付を受けたいと考えている。2024年6月の健康保険適用分の自己負担額が30万円（総医療費100万円）であった場合、高額療養費により給付を受けることができる金額はいくらか。なお、米田さんの所得区分は「区分ウ」である。

〈70歳未満の者：医療費の自己負担限度額（1カ月当たり）〉

所得区分	医療費の自己負担限度額
① 区分ア （標準報酬月額83万円以上）	252,600円＋（総医療費－842,000円）×1％
② 区分イ （標準報酬月額53万円～79万円）	167,400円＋（総医療費－558,000円）×1％
③ 区分ウ （標準報酬月額28万円～50万円）	80,100円＋（総医療費－267,000円）×1％
④ 区分エ （標準報酬月額26万円以下）	57,600円
⑤ 区分オ　（低所得者） （被保険者が住民税の非課税者など）	35,400円

※ 多数該当については考慮しない。

解　答

〈1．6つの係数〉

解1 **556,650円**

元金を一定利率で複利運用しながら、一定金額を一定期間取り崩していくときの毎年の受取額は、**資本回収係数**を使って求める。

 毎年受け取れる年金額＝年金原資×資本回収係数

500万円×0.11133＝<u>556,650円</u>

解2 **764,640円**

複利運用しながら、将来の目標額を達成するために必要な毎年の積立額は、**減債基金係数**を使って求める。

毎年の積立額＝目標額（元利合計）×減債基金係数

800万円×0.09558＝<u>764,640円</u>

解3 8,983,000円

複利運用しながら一定期間にわたり、毎年一定金額ずつ取り崩す場合に必要な元本は、**年金現価係数**を使って求める。

> 将来の元利合計＝毎年の積立金額×年金現価係数

100万円×8.983＝8,983,000円

〈2．キャッシュフロー表〉

解4 （ア）408 （イ）1,695

（ア） 変動率を加味した将来の金額を求める場合は以下のように計算する。

> n年後の金額＝現在の金額×$(1＋変動率)^n$
> ※ n＝年数

2年後の基本生活費は、

400万円×$(1＋0.01)^2$＝408.0…万円≒408万円（万円未満四捨五入）

（イ） 金融資産残高は以下のように計算する。

> 当年末の金融資産残高＝前年末の金融資産残高×(1＋変動率)±当年の年間収支

2年後の金融資産残高は、

1,530万円×(1＋0.01)＋150万円＝1,695.3万円≒1,695万円（万円未満四捨五入）

〈3．個人バランスシート〉

解5 3,000

坂本家のバランスシートへ財務データ等から金額を入れると、次のとおりになる。

【坂本家のバランスシート】　　　　　　　　　　　　　　　　　　　　　　（単位：万円）

[資産]		[負債]	
金融資産		住宅ローン	2,000
普通預金	800	自動車ローン	200
定期預金	600		
投資信託	500	負債合計	2,200
上場株式	300		
生命保険（解約返戻金相当額）	500	[純資産]	（ ア ）
不動産（マンション）	2,500		
資産合計	5,200	負債・純資産合計	5,200

資産合計＝負債・純資産合計であるので、資産から負債を差し引いたものが純資産となる。

資産合計は、次のとおりである。

800万円＋600万円＋500万円＋300万円＋500万円＋2,500万円＝5,200万円（資産合計）

純資産は、**資産合計－負債合計＝純資産**で求める。

5,200万円（資産合計）－2,200万円（負債合計）＝3,000万円（純資産）

したがって、純資産の額は、3,000万円となる。

〈4．公的年金（老齢基礎年金）〉

解6 **1**

　厚生年金保険に加入している期間は、厚生年金保険から国民年金保険料が拠出されているため、保険料納付済み期間として年金額の計算に反映する。また、未加入期間は年金受給額に反映されない。

$$816,000円 \times \frac{456月}{480月} = 775,200円$$

〈5．社会保険（高額療養費）〉

解7 **212,570円**

　高額療養費とは、保険診療の1カ月の自己負担額が高額となった場合に一定の金額（自己負担限度額を超えた額）が支給される給付である。自己負担限度額は年齢や所得に応じて異なっている。

　自己負担限度額は、

　　$80,100円 + (1,000,000円 - 267,000円) \times 1\% = 87,430円$

　給付を受ける金額は、自己負担額より自己負担限度額を差し引いて求められる。

　　$300,000円 - 87,430円 = \underline{212,570円}$

2 リスク管理

●計算問題の出題歴

項 目	出題歴		
	2023.5	2023.9	2024.1
1．保険証書の読み取り（入院給付金）	協		
2．保険証書の読み取り（死亡保険金）		協	協
生命保険料控除		協	協

問　題

〈1．保険証書の読み取り（入院給付金）〉

問1 　山川一夫さんが加入している医療保険（下記〈資料〉参照）の保障内容等に関する次の記述の空欄（ア）にあてはまる金額はいくらか。なお、保険契約は有効に継続しているものとし、一夫さんはこれまでに〈資料〉の保険から、保険金・給付金を一度も受け取っていないものとする。

〈資料〉

保険種類　終身医療保険		保険証券記号番号　△△△－××××

保険契約者	山川　一夫　様	保険契約者印	◆契約日（保険期間の始期） 　2014年10月10日
被保険者	山川　一夫　様 契約年齢　30歳　男性	山川	◆主契約の保険期間 　終身
受取人	〔給付金〕被保険者　様 〔死亡保険金〕山川　愛　様（妻）		◆主契約保険料払込期間 　終身払込

◆ご契約内容

がん診断給付金	初めてがんと診断されたとき　100万円
がん入院給付金	1日目から　日額10,000円
がん通院給付金	日額5,000円
手術給付金	1回につき手術の種類に応じてがん入院給付金日額の10倍・20倍・40倍
死亡給付金	がんで死亡の場合　100万円
死亡給付金	がん以外の死亡の場合　10万円

■保険料の内容

払込保険料合計	＊，＊＊＊円／月
払込方法（回数）：年12回	
払込期月　　　：毎月	

■その他付加されている特約・特則等

保険料口座振替特約
＊以下余白

　一夫さんが、2024年中に初めてがん（胃がん・悪性新生物）と診断され、その後25日間入院し、給付倍率20倍の手術（1回）を受けた場合、支払われる給付金は、合計（　ア　）万円である。

〈2. 保険証書の読み取り（死亡保険金）〉

問2 原田一幸さんが加入している生命保険（下記〈資料〉参照）の保障内容等に関する次の記述の空欄（ア）にあてはまる金額はいくらか。なお、保険契約は有効に継続しているものとし、一幸さんはこれまでに〈資料〉の保険から、保険金・給付金を一度も受け取っていないものとする。

〈資料〉

保険証券記号番号 ○○△△××□□	定期保険特約付終身保険		
保険契約者	原田　一幸　様	保険契約者印	◇契約日（保険期間の始期） 2015年 3月5日 ◇主契約の保険期間 終身 ◇主契約保険料払込期間 60歳払込満了
被保険者	原田　一幸　様 契約年齢　34歳　男性	原田	
受取人	（死亡保険金） 原田　美子　様（妻） 　受取割合 10割		

◆ご契約内容

終身保険金額（主契約保険金額）	500万円
定期保険特約保険金額	2,500万円
特定疾病保障定期保険特約保険金額	500万円
災害割増特約保険金額	500万円
傷害特約保険金額	500万円
災害入院特約［本人・妻型］　入院5日目から	日額5,000円
疾病入院特約［本人・妻型］　入院5日目から	日額5,000円

　　不慮の事故や疾病により所定の手術を受けた場合、手術の種類に応じて（入院給付金日額の10倍・20倍・40倍）手術給付金を支払います。

成人病入院特約　　　　　　入院5日目から	日額5,000円
リビングニーズ特約	

※妻の場合は、本人の給付金の6割の日額となります。

◆お払込みいただく合計保険料

毎回　＊＊,＊＊＊円／月

［保険料払込方法（回数）］団体月払い

◇社員配当金支払方法
利息を付けて積立

◇特約の払込期間および保険期間
10年

　一幸さんが、仮に、2024年中に交通事故により死亡（即死）した場合に支払われる死亡保険金は、合計（　ア　）万円である。

解　答

〈1. 保険証書の読み取り（入院給付金）〉

解1 145

入院、手術を受けた場合の給付金は、次のとおりである。

がん診断給付金		100万円
がん入院給付金	10,000円×25日分＝	25万円
がん手術給付金	10,000円×20倍　　＝	20万円
合計		145万円

〈2. 保険証書の読み取り（死亡保険金）〉

解2 4,500

死亡した場合の死亡保険金額は、次のとおりである。

終身保険	500万円
定期保険特約	2,500万円
特定疾病保障定期保険特約	500万円
災害割増特約	500万円
傷害特約	500万円
合計	4,500万円

※　特定疾病保険金を受け取らずに死亡した場合には、死亡原因にかかわらず死亡保険金が支払われる。

※　不慮の事故で死亡した場合、災害割増特約と傷害特約の両方から保険金が支払われる。

3　金融資産運用

●計算問題の出題歴

項　目	出題歴		
	2023.5	2023.9	2024.1
1．債券の利回り	学	学	学・金
2．複利計算			学
3．株式の投資指標	金・協	協	協
4．外貨預金の為替レート計算		金	
5．ポートフォリオの期待収益率			

　問　題

〈1．債券の利回り〉

問1　表面利率2.0%、残存期間4年の利付債券を、額面100円に対して102円で購入した場合の最終利回り（単利）を求めよ。なお、計算にあたっては税金や手数料等を考慮せず、答は%表示における小数点以下第3位を四捨五入すること。

問2　表面利率1.5%の利付債券を、発行時に額面100円に対して101円で購入し、その4年後に102円で売却した場合の所有期間利回り（単利）を求めよ。なお、計算にあたっては税金や手数料等を考慮せず、答は%表示における小数点以下第3位を四捨五入すること。

〈2．複利計算〉

問3　元金100万円を、年利1%（1年複利）で3年間運用した場合の元利合計額を求めよ。なお、税金は考慮しないものとする。

〈3．株式の投資指標〉

問4　下記のデータに基づいて計算したA社の株価収益率（PER）を求めよ。

〈A社のデータ〉

株価	2,400円
1株当たり純資産	2,500円
1株当たり純利益	300円
1株当たり年間配当金	50円

問5 下記のデータに基づいて計算したB社株式の株価純資産倍率（PBR）を求めよ。

〈B社のデータ〉

総資産	1,000億円
純資産	500億円
純利益	60億円
発行済株式総数	5億株
株価	200円

問6 ある企業の株価が2,200円、1株当たり純利益が300円、1株当たり年間配当金が50円である場合の、その企業の株式の配当利回りを求めよ。なお、計算にあたっては税金や手数料も考慮せず、答は％表示における小数点以下第3位を四捨五入すること。

〈4．外貨預金の為替レート計算〉

問7 国内の銀行に預入していた米ドル建預金の元利金10,000ドル（税引後）を、〈資料〉の為替レートで円貨に換えて受け取る場合の円貨での受取金額を求めよ。

〈資料〉

TTS	仲値	TTB
146円	145円	144円

〈5．ポートフォリオの期待収益率〉

問8 期待収益率4.0％であるA資産の組入れ比率が80％、期待収益率1.5％であるB資産の組入れ比率が20％のポートフォリオの期待収益率を求めよ。

解 答

〈1．債券の利回り〉

解1 **1.47％**

$$\text{最終利回り(\%)} = \frac{\text{利率} + \dfrac{\text{額面金額} - \text{購入価格}}{\text{残存期間(年)}}}{\text{購入価格}} \times 100$$

$$\frac{2.0 + \dfrac{100 - 102}{4}}{102} \times 100 = 1.470\cdots \doteqdot \underline{1.47\%} \quad（小数点以下第3位を四捨五入）$$

解2 **1.73％**

$$\text{所有期間利回り(\%)} = \frac{\text{利率} + \dfrac{\text{売却価格} - \text{購入価格}}{\text{所有期間(年)}}}{\text{購入価格(発行価格)}} \times 100$$

$$\frac{1.5 + \dfrac{102 - 101}{4}}{101} \times 100 = 1.732\cdots \doteqdot \underline{1.73\%} \quad（小数点以下第3位を四捨五入）$$

〈2．複利計算〉

解3 **1,030,301円**

1年複利の計算は、元本×（1＋年利率）^{年数}で計算する。

100万円×（1＋0.01）^{3}＝<u>1,030,301円</u>

〈3．株式の投資指標〉

解4 **8倍**

株価収益率（PER）は、1株当たりの純利益に対して株価が何倍であるかを表したものである。

株価収益率(PER)＝株価÷1株当たりの純利益

2,400円÷300円＝<u>8倍</u>

解5 **2倍**

株価純資産倍率（PBR）は、1株当たりの純資産に対して株価が何倍であるかを表したものである。1株当たりの純資産は、純資産を発行済株式総数で除して求める。

1株当たりの純資産＝純資産÷発行済株式総数

500億円÷5億株＝100円

株価純資産倍率(PBR)＝株価÷1株当たりの純資産

200円÷100円＝<u>2倍</u>

解6 **2.27%**

$$配当利回り(\%)＝\frac{1株当たり配当年額}{株価}×100$$

$\dfrac{50円}{2,200円}×100＝2.272\cdots≒\underline{2.27\%}$（小数点以下第3位を四捨五入）

〈4．外貨預金の為替レート計算〉

解7 **1,440,000円**

外国通貨から円に換える場合はTTBを適用する。

10,000ドル×144円（TTB）＝<u>1,440,000円</u>

〈5．ポートフォリオの期待収益率〉

解8 **3.5%**

ポートフォリオの期待収益率は、各資産の期待収益率を組入れ比率で加重平均したものとなる。

A資産　4.0%×80%＝3.2%

B資産　1.5%×20%＝0.3%

3.2%＋0.3%＝<u>3.5%</u>

4 タックスプランニング

●計算問題の出題歴

項　目	出題歴		
	2023.5	2023.9	2024.1
1．一時所得			
2．退職所得			
3．医療費控除		協	
4．総所得金額	金	金・協	金
5．所得税額			
6．減価償却費の計算			

問　題

〈1．一時所得〉

問1　井上さんは、2024年2月に、養老保険の満期保険金を受け取った。この養老保険の内容が下記〈資料〉のとおりである場合、井上さんの2024年分の所得税の計算上、一時所得の金額はいくらか。また総所得金額に算入する金額はいくらか。なお、2024年中には、この満期保険金のほかに一時所得に該当する所得はないものとする。また、記載のない事項については、一切考慮しないこととする。

〈資料〉

保険契約者（保険料負担者）	井上義弘
被保険者	
満期保険金受取人	
保険料払込方法	月払い
満期保険金額	500万円
支払保険料総額	420万円

〈2．退職所得〉

問2　山田さんには、定年退職時に退職一時金として2,500万円が支給される見込みである。この場合の退職所得の金額はいくらになるか。なお、山田さんの勤続年数は29年4カ月とし、障害者になったことに起因する退職ではないものとする。

〈3．医療費控除〉

問3 関口さんは、2024年中に下記の医療費等の支払いをしたため、確定申告により医療費控除を受ける予定である。関口さんが医療費控除として総所得金額等から控除できる金額はいくらか。なお、支払った医療費のうち保険金などにより補てんされたものはなく、関口さんの2024年分の総所得金額等の合計額は700万円とする。

〈資料〉

・人間ドックに要した費用（疾病は発見されなかった）	100,000円
・疾病の治療費	60,000円
・虫歯の治療費	30,000円
・骨折の治療費	150,000円
・通常のソフトコンタクトレンズ（近視用）の購入費用	50,000円
・ビタミン剤の購入費用	20,000円

〈4．総所得金額〉

問4

（1） 会社員である稲垣さん（55歳、白色申告者）は、勤務先からの給与収入のほかに不動産の賃貸収入と雑収入があり、2024年分の収入状況は、下記の資料のとおりである。稲垣さんの2024年分の総所得金額はいくらか。

〈稲垣さんの2024年分の収入に関する資料〉

・給与収入の金額：600万円
・不動産の賃貸収入の金額：400万円（この不動産の賃貸収入に係る必要経費は500万円である。このうち土地に係る負債利子は50万円）
・雑収入の金額：40万円（この雑収入に係る必要経費は50万円である）

〈給与所得控除額〉

給与収入金額		給与所得控除額
万円超	万円以下	
	180	収入金額 × 40% － 10万円（55万円に満たない場合は、55万円）
180 ～	360	収入金額 × 30% ＋ 8万円
360 ～	660	収入金額 × 20% ＋ 44万円
660 ～	850	収入金額 × 10% ＋ 110万円
850 ～		195万円（上限）

（2） 稲垣さんと生計を一にする親族は、妻洋子さん（52歳）、長男太一さん（21歳）、長女えみさん（17歳）の3人であり、いずれの者も2024年分の収入はない。稲垣さんの2024年分の所得税における扶養控除の控除額はいくらか。稲垣さんの親族の各人の年齢は、2024年12月31日時点のものである。なお、全員、障害者および特別障害者には該当しない。

〈5．所得税額〉

問5 山中さんは、賃貸マンション経営を行っている（青色申告者）。山中さんの2024年分の所得および所得控除が下記〈資料〉の場合、山中さんの2024年分の所得税額はいくらか。なお、山中さんは、不動産所得のほかに所得はなく、税額控除や源泉徴収税額、復興特別所得税、予定納税等については考慮しないこととする。

〈資料〉

2024年分の所得	不動産所得の金額　460万円 ※　青色申告特別控除後の金額である。
2024年分の所得控除	所得控除の合計　210万円

〈所得税の速算表〉

課税総所得金額		税率	控除額
	195万円以下	5%	0円
195万円超	330万円以下	10%	97,500円
330万円超	695万円以下	20%	427,500円
695万円超	900万円以下	23%	636,000円
900万円超	1,800万円以下	33%	1,536,000円
1,800万円超	4,000万円以下	40%	2,796,000円
4,000万円超		45%	4,796,000円

〈6．減価償却費の計算〉

問6 佐々木さんは、2024年4月に新築のアパートを購入し、不動産賃貸業を開始した。購入した建物の情報は下記〈資料〉のとおりである。佐々木さんの2024年分の所得税における不動産所得の金額の計算上、必要経費に算入する減価償却費の金額を求めよ。

〈資料〉

取得価格：80,000,000円
取得年月：2024年4月
耐用年数：47年
不動産賃貸の用に供した月：2024年4月

〈耐用年数表（抜粋）〉

耐用年数	定額法の償却率	定率法の償却率
47年	0.022	0.043

解　答

〈1．一時所得〉

解1　一時所得の金額　30万円、　総所得金額に算入する額　15万円

一時所得の金額＝総収入金額－その収入を得るために支出した額－特別控除額（50万円）

一時所得は、

500万円－420万円－50万円（特別控除額）＝30万円　である。

一時所得の金額を2分の1した金額を総所得金額に算入する。

30万円×$\frac{1}{2}$＝15万円

〈2．退職所得〉

解2　500万円

〈退職所得控除額の求め方〉

勤続年数	退職所得控除額
20年以下	勤続年数×40万円（最低80万円）
20年超	800万円＋70万円×（勤続年数－20年）

（勤続年数20年超の場合の）退職所得控除額＝800万円＋70万円×（勤続年数－20年）

1年未満は1年に切り上げて計算を行う。

したがって、退職所得控除額は

800万円＋70万円×（30年－20年）＝1,500万円

退職所得の金額＝（収入金額－退職所得控除額）×$\frac{1}{2}$

式に当てはめると、退職所得の金額は次のとおりになる。

（2,500万円－1,500万円）×$\frac{1}{2}$＝500万円

〈3．医療費控除〉

解3　140,000円

本人または生計を一にする配偶者その他親族に対する医療費を支払った場合に適用することができる。限度額は200万円となる。

医療費控除の額＝支出した医療費の額－保険金等の額－10万円※
※　「課税標準の合計額×5％」と10万円のいずれか低い方の金額

健康診断や人間ドックの費用は、疾病の治療を行うものではないときは、原則として医療費控除の対象とならない。ただし、重大な疾病が発見され、かつ、その診断等に引き続いてその疾病の治療が行われた場合は、医療費控除の対象になる。

また、通常のコンタクトレンズ・ビタミン剤の購入費用は医療費控除の対象とはならない。

医療費控除額＝60,000円（疾病の治療費）＋30,000円（虫歯）＋150,000円（骨折）－100,000円＝140,000円

〈4．総所得金額〉

解4 （1）386万円 （2）101万円

（1） 給与所得控除額を表より求めると、

600万円（給与収入）×20％＋44万円＝164万円

給与所得の金額＝給与収入－給与所得控除額

給与所得の金額＝600万円－164万円＝436万円…①

不動産所得の金額＝不動産収入－必要経費

不動産所得の金額＝400万円－500万円＝▲100万円

ただし、土地に係る負債利子50万円は損益通算できない。

損益通算の対象 100万円－50万円＝50万円…②

雑所得の金額＝雑収入－必要経費

雑所得の金額＝40万円－50万円＝▲10万円

雑所得のマイナスは損益通算できない。

総所得金額＝①436万円－②50万円＝<u>386万円</u>

（2） 扶養控除とは、納税者本人に控除対象扶養親族（配偶者を除く）がいる場合に認められる控除である。

21歳の長男太一さんは、19歳以上23歳未満の特定扶養親族に該当するため63万円。長女えみさんは17歳であるため扶養控除額は38万円。

したがって、稲垣さんの扶養控除の控除額は長男分の63万円と長女分の38万円をあわせて<u>101万円</u>となる。

〈扶養控除の区分と控除額〉

区分	1人あたりの控除額
16歳未満（年少扶養親族）	0円
16歳以上19歳未満	38万円
19歳以上23歳未満（特定扶養親族）	63万円
23歳以上70歳未満（成年扶養親族）	38万円
70歳以上（老人扶養親族）	48万円
同居老親等	58万円

〈5．所得税額〉

解5 **152,500円**

課税総所得金額は次の式で計算を行う。

> **課税総所得金額＝総所得金額−所得控除**

460万円−210万円＝250万円

課税総所得金額を求めたら、所得税の速算表にあてはめて計算を行う。

> **課税総所得金額×税率−控除額**

250万円×10％−97,500円＝152,500円

〈6．減価償却費の計算〉

解6 **1,320,000円**

不動産賃貸に供した月が4月なので1年分の減価償却費の12分の9（賃貸の用に供した月数）で計算した金額が2024年分の減価償却費となる。また、建物なので定額法を用いる。

$80,000,000円 \times 0.022 \times \dfrac{9}{12} = 1,320,000円$

5　不動産

●計算問題の出題歴

項　目	出題歴		
	2023.5	2023.9	2024.1
1．最大建築面積・最大延べ面積	金・協	学・金	金・協
2．不動産所得の損益通算			
3．賃貸不動産の投資利回り		学	
4．居住用不動産の譲渡			協

問　題

〈1．最大建築面積・最大延べ面積〉

問1　下記〈資料〉の土地に建築物を建築する場合の建築可能な建築物の延べ面積を求めよ。なお、記載のない条件については一切考慮しないこととする。

〈資料〉

敷地面積240㎡　第二種低層住居専用地域
建蔽率60％
指定容積率200％
前面道路幅員4ｍ
前面道路幅に対する法定乗数4/10

〈2．不動産所得の損益通算〉

問2　下記〈資料〉の不動産所得の金額の計算上生じた損失のうち、他の所得の金額と損益通算が可能な金額を求めよ。なお、損益通算をするにあたって必要とされる要件は全て満たしているものとする。

〈資料〉不動産所得に関する資料

総収入金額	600万円
必要経費※	740万円

※　必要経費のなかには、土地を取得するために要した負債利子の金額40万円が含まれている。

〈3．賃貸不動産の投資利回り〉

問3　投資総額1億円で賃貸用マンションを購入した。この賃貸用マンションにおける年間収入の合計額が2,000万円、年間実質費用の合計額が1,700万円であった場合の、この投資の純利回り（ＮＯＩ利回り）を求めよ。

〈4．居住用不動産の譲渡〉

問4 下記〈資料〉の土地を売却し、「居住用財産の譲渡所得の特別控除、いわゆる3,000万円特別控除の特例」の適用を受けた場合における課税譲渡所得の金額はいくらか。なお、取得費については概算取得費を用いるものとする。

〈資料〉

取 得 費	不明（相続により取得したため）
譲渡価額	4,000万円
譲渡費用	400万円

※　上記以外の条件は考慮しないものとする。

解　答

〈1．最大建築面積・最大延べ面積〉

解1　**384㎡**

　建築物の建築可能な延べ面積を求める場合は、容積率を用いる。ただし、前面道路の幅員が12m未満の場合は、指定容積率と前面道路の幅員に法定乗数を乗じた値の、いずれか小さい方の値が容積率となる。

$$4\,m \times \frac{4}{10} = 160\% < 指定容積率200\%$$

$$\therefore \quad 160\%$$

$$240㎡ \times 160\% = \underline{384㎡}$$

〈2．不動産所得の損益通算〉

解2　**100万円**

　土地等を取得するための負債の利子の額に相当する部分（40万円）は損益通算の対象とならない。

・不動産所得の金額＝600万円－740万円＝▲140万円（損失）

・損益通算可能額＝損失140万円－土地を取得するための負債の利子40万円＝<u>100万円</u>

〈3．賃貸不動産の投資利回り〉

解3　**3％**

$$不動産投資の純利回り（NOI利回り）（\%）＝\frac{年間賃料収入－必要経費}{総投資金額} \times 100$$

$$\frac{2,000万円－1,700万円}{1億円} \times 100 = \underline{3\,\%}$$

〈4．居住用不動産の譲渡〉

解4　**400万円**

　課税譲渡所得の計算式は、以下のとおり。

$$課税譲渡所得＝譲渡価額－（取得費＋譲渡費用）－特別控除（3,000万円）$$

$$4,000万円－（200万円^※＋400万円）－3,000万円＝\underline{400万円}$$

　※　概算取得費＝譲渡価額×5％で計算する。

●計算問題の出題歴

項　目	出題歴		
	2023.5	2023.9	2024.1
1．法定相続分割合	学・協	学・協	学・協
2．贈与税額計算		協	金
3．相続税評価額（株式）			学
4．相続税評価額（土地）			
5．相続税の基礎控除額		学	
6．相続税の総額計算	金	金	

問　題

〈1．法定相続分割合〉

問1　2024年中にKさんの相続が開始した。Kさんの親族関係図は下記のとおりである。なお、長女Bさんは相続を放棄している。孫Eさんの民法における法定相続分の割合を求めよ。なお、他の要件は一切考慮しないこととする。

〈親族関係図〉

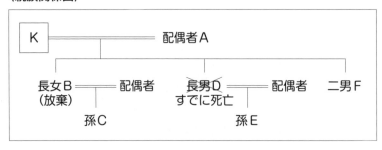

〈2．贈与税額計算〉

問2 夫Aさんは、妻Bさんに対して2024年中に3,800万円の居住用不動産の贈与を行った。妻Bさんが贈与税の配偶者控除の適用を受けた場合における納付すべき税額を求めよ。なお、妻Bさんは贈与税の配偶者控除の適用要件を満たしており、2024年中はこれ以外に受けた贈与はないものとする。また、計算にあたっては、下記の〈贈与税の速算表〉を参考にして求めること。

〈贈与税の速算表〉

〔一般の贈与〕

基礎控除後の課税価格		税率	控除額
	200万円以下	10%	―
200万円超	300万円以下	15%	10万円
300万円超	400万円以下	20%	25万円
400万円超	600万円以下	30%	65万円
600万円超	1,000万円以下	40%	125万円
1,000万円超	1,500万円以下	45%	175万円
1,500万円超	3,000万円以下	50%	250万円
3,000万円超		55%	400万円

〔直系尊属からの贈与〕

基礎控除後の課税価格		税率	控除額
	200万円以下	10%	―
200万円超	400万円以下	15%	10万円
400万円超	600万円以下	20%	30万円
600万円超	1,000万円以下	30%	90万円
1,000万円超	1,500万円以下	40%	190万円
1,500万円超	3,000万円以下	45%	265万円
3,000万円超	4,500万円以下	50%	415万円
4,500万円超		55%	640万円

〈3．相続税評価額（株式）〉

問3 2024年3月13日に死亡したAさんが所有していた上場株式Bの1株当たりの相続税評価額を求めよ。なお、上場株式Bの価格は下記〈資料〉のとおりである。

〈資料〉上場株式Bの価格

2023年12月の最終価格の月平均額	1,050円
2024年1月の最終価格の月平均額	1,080円
2024年2月の最終価格の月平均額	1,130円
2024年3月の最終価格の月平均額	1,200円
2024年3月13日の最終価格	1,180円

〈4．相続税評価額（土地）〉

問4 下記の道路に面している300㎡の宅地（貸宅地）の路線価方式による相続税評価額を求めよ。なお、奥行価格補正率は1.0、借地権割合は70％である。また、記載のない事項については、一切考慮しないこととする。

県道　　　500C

問5 自用地評価額が7,000万円、借地権割合が70％、借家権割合が30％、賃貸割合が100％の場合の貸家建付地の相続税評価額を求めよ。

問6 Aさんは2024年1月に88歳で死亡した。Aさんの親族関係図が以下のとおりであった場合、Aさんの相続における遺産に係る基礎控除額はいくらになるか求めよ。

〈親族関係図〉

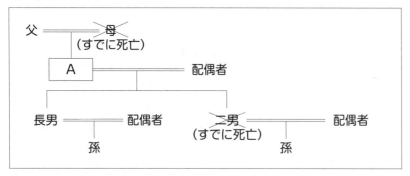

〈6．相続税の総額計算〉

問7 Aさんは、2024年2月に87歳で死亡した。Aさんの相続に係る課税遺産総額（課税価格の合計額－遺産に係る基礎控除額）が2億円であった場合の相続税の総額を求めよ。なお、相続人は配偶者Bさん、長男Cさん、長女Dさんの3人である。

〈資料〉相続税の速算表（一部抜粋）

法定相続分に応ずる取得金額		税率	控除額
万円超	万円以下		
〜	1,000	10%	―
1,000 〜	3,000	15%	50万円
3,000 〜	5,000	20%	200万円
5,000 〜	10,000	30%	700万円
10,000 〜	20,000	40%	1,700万円
20,000 〜	30,000	45%	2,700万円

解　答

〈1．法定相続分割合〉

解1 1／4

　相続人が配偶者と子の場合の法定相続分は、配偶者が1／2、子は1／2をその人数で均等に分ける。相続を放棄した長女Bさんに法定相続分はない。また、放棄には代襲相続が発生しないため、孫Cさんにも法定相続分はない。代襲相続人である孫の相続分は、子が相続するはずだった相続分となる。したがって、孫Eさんの法定相続分の割合は次のように求められる。

$$\frac{1}{2} \times \frac{1}{2} = \frac{1}{4}$$

（配偶者Aさん：$\frac{1}{2}$、二男Fさん：$\frac{1}{2} \times \frac{1}{2} = \frac{1}{4}$）

〈2．贈与税額計算〉

解2 595万円

　贈与税の配偶者控除は最大2,000万円であるが、贈与税の基礎控除額110万円も合わせて控除できるので、贈与税額は次のように求められる。

　　3,800万円－（2,000万円＋110万円）＝1,690万円

　　1,690万円×50％－250万円＝595万円

　※　配偶者は直系尊属ではないため、一般の贈与の速算表を用いる。

〈3．相続税評価額（株式）〉

解3 1,080円

　上場株式は、次の4つの価額のうち最も低い価額で評価する。

　・課税時期（相続開始日）の最終価格
　・課税時期の属する月の毎日の最終価格の月平均額
　・課税時期の属する月の前月の毎日の最終価格の月平均額
　・課税時期の属する月の前々月の毎日の最終価格の月平均額

　2024年1月の最終価格の月平均額が最も低い価額なので1,080円となる。なお、2023年12月は対象外である。

〈4．相続税評価額（土地）〉

解4 4,500万円

　まず、路線価方式による自用地の相続税評価額を、次のように求める。路線価は道路上に千円単位で記載されている。

　自用地の評価額＝正面路線価×奥行価格補正率×地積

　　500千円×1.0×300㎡＝1億5,000万円

　次に、貸宅地の相続税評価額は、次のように求める。

　貸宅地の評価額＝自用地評価額×（1－借地権割合）

　　1億5,000万円×（1－0.7）＝4,500万円

解5 5,530万円

　貸家建付地の評価額＝自用地評価額×（1－借地権割合×借家権割合×賃貸割合）

　　7,000万円×（1－0.7×0.3×1）＝5,530万円

〈5．相続税の基礎控除額〉

解6 4,800万円

　遺産に係る基礎控除額＝3,000万円＋600万円×法定相続人の数

　本問のケースでは法定相続人は、配偶者・長男・二男の子である孫の3人となる。

　したがって、遺産に係る基礎控除額は、次のように求める。

　　3,000万円＋600万円×3人＝4,800万円

〈6．相続税の総額計算〉

解7 **3,900万円**

〈相続税の総額を計算する手順〉

① 課税遺産総額を法定相続人が法定相続分で分割したと仮定したときの取得金額を計算する。

配偶者Bさん　2億円×$\frac{1}{2}$＝1億円

長男Cさん　　2億円×$\frac{1}{4}$＝5,000万円

長女Dさん　　2億円×$\frac{1}{4}$＝5,000万円

② ①の金額を税率表にあてはめてそれぞれの税額を計算する。

配偶者Bさん　1億円×30％－700万円＝2,300万円

長男Cさん　　5,000万円×20％－200万円＝800万円

長女Dさん　　5,000万円×20％－200万円＝800万円

③ ②の金額を合算した金額が相続税の総額となる。

2,300万円＋800万円＋800万円＝3,900万円

直前予想模試
学 科

解答・解説

解答一覧・苦手論点チェックシート

※ 間違えた問題に✓を記入しましょう。

問題	科目	論点	正解	難易度	あなたの苦手※	
					1回目	2回目
1	ライフ	関連法規とコンプライアンス	2	A		
2		住宅ローン	1	B		
3		教育ローン	2	A		
4		社会保険	1	A		
5		公的年金	2	A		
6	リスク	生命保険商品	1	A		
7		生命保険商品	1	A		
8		生命保険商品	1	A		
9		第3分野の保険商品	1	A		
10		生命保険商品	2	B		
11	金融	金融経済の基礎知識	2	A		
12		金融経済の基礎知識	1	A		
13		投資信託	1	A		
14		デリバティブ	2	B		
15		金融経済の基礎知識	2	A		
16	タックス	所得税の基礎知識	2	B		
17		所得税の基礎知識	1	A		
18		各種所得金額の計算	2	A		
19		所得控除	2	A		
20		所得税の基礎知識	2	A		
21	不動産	不動産の見方	1	A		
22		建築基準法	1	A		
23		借地借家法	1	A		
24		不動産の見方	2	B		
25		不動産の取得と税金	2	A		
26	相続	贈与の基礎知識	1	B		
27		相続の基礎知識	2	A		
28		相続の基礎知識	2	A		
29		相続税の申告・納付	1	A		
30		贈与税の特例	1	B		
31	ライフ	ライフプランニングの考え方・手法	1	A		
32		社会保険	2	A		
33		ライフプランニングの考え方・手法	3	A		

問題	科目	論点	正解	難易度	あなたの苦手※	
					1回目	2回目
34	ライフ	公的年金	2	A		
35		公的年金	2	A		
36	リスク	生命保険のしくみ	3	B		
37		第3分野の保険商品	2	A		
38		損害保険のしくみ	3	A		
39		損害保険商品	3	A		
40		第3分野の保険商品	1	A		
41	金融	債券	2	A		
42		株式	2	A		
43		外貨建金融商品	3	A		
44		ポートフォリオ	2	B		
45		セーフティネット	1	A		
46	タックス	所得控除	2	A		
47		所得税の基礎知識	3	A		
48		所得税額の計算	3	A		
49		所得税の基礎知識	2	A		
50		所得控除	3	A		
51	不動産	区分所有法	3	A		
52		不動産の見方	3	A		
53		都市計画法	3	A		
54		区分所有法	2	A		
55		建築基準法	3	A		
56	相続	相続の基礎知識	1	A		
57		贈与税の特例	2	A		
58		相続税の計算	2	A		
59		遺言	3	B		
60		贈与税の特例	2	A		

配点は各1点　難易度　A…基本　B…やや難　C…難問

科目別の成績		
ライフ	リスク	金融
1回目 　　/10	1回目 　　/10	1回目 　　/10
2回目 　　/10	2回目 　　/10	2回目 　　/10

タックス	不動産	相続
1回目 　　/10	1回目 　　/10	1回目 　　/10
2回目 　　/10	2回目 　　/10	2回目 　　/10

あなたの得点

1回目

　　　/60　−　**36**/60　=

2回目

　　　/60　−　**36**/60　=

合格点

合格への距離

第1予想 学科 ………… 解答・解説

【第1問】

(1) 解答：**2**

公正証書遺言の証人になるために弁護士資格は必要ない。

(2) 解答：**1**

年収に占めるすべての借入れの年間合計返済額の割合が下記の基準を満たしていることが要件である。
・年収400万円未満・・・30％以下
・年収400万円以上・・・35％以下

(3) 解答：**2**

返済期間は最長18年となっており、在学中は利息のみを返済することができる。

(4) 解答：**1**

また、双子の場合は2人分が支給される。

(5) 解答：**2**

国民年金の第3号被保険者とは、国民年金の第2号被保険者（厚生年金被保険者）によって生計を維持している20歳以上60歳未満の配偶者である。

(6) 解答：**1**

保険料払込期間の満了後に保障内容を変更することができる。

(7) 解答：**1**

なお、払済保険は、保険期間を変えずに死亡保障額を減額して契約を継続する方法である。

(8) 解答：**1**

記述のとおり。

(9) 解答：**1**

契約をした時点ではなく、療養を受けた時点で厚生労働大臣によって定められた先進医療が支給の対象となる。

(10) 解答：**2**

一時金で受け取る場合、年金総額よりも少なくなる。

(11) 解答：**2**

インフレの状況下では、資金需要が高まるため金利は上昇する。

(12) 解答：1

なお、買いオペレーションを行うと金利を引き下げる効果があり、金融緩和政策となる。

(13) 解答：1

上場投資信託は、上場株式と同様に指値注文も信用取引もできる。

(14) 解答：2

買う権利のことをコール・オプションといい、売る権利のことをプット・オプションという。

(15) 解答：2

景気動向指数ＤＩ…景気拡張の動きの各経済部門への波及度合いの測定に用いる。
景気動向指数ＣＩ…景気変動の大きさやテンポを測定するのに用いる。

(16) 解答：2

非永住者以外の居住者は、国内源泉所得だけではなく、すべての所得について所得税が課税される。

(17) 解答：1

給与所得者でも以下に該当する場合、確定申告が必要である。
・給与の年間収入金額が2,000万円を超えている。
・給与所得、退職所得以外の所得が20万円を超えている。
・2か所以上から給与の支払いを受けている。

(18) 解答：2

老齢を給付の原因とした老齢基礎年金や老齢厚生年金は、雑所得として課税される。

(19) 解答：2

スイッチＯＴＣ医薬品を購入したことによる医療費控除の限度額は88,000円である。

(20) 解答：2

復興特別所得税は、基準となる所得税額に2.1％を乗じる。
（例）所得税15％の場合
15％×1.021＝15.315％となる。

(21) 解答：1

原則は、3年に一度評価替えが行われるが、地目の変更や家屋の増改築などにより据置きが不適当となった場合には、見直しが行われる。

(22) 解答：1

また、第二種低層住居専用地域や田園住居地域も同じである。

(23) 解答：1

土地賃借権の登記が無くても借地上の建物の登記をしていれば、第三者への対抗要件を満たす。

(24) 解答：2

仮登記は、順位保全の効力はあるが、対抗力は有しない。

その後に本登記をすることにより第三者への対抗が認められる。

(25) 解答：2

相続による不動産の取得については課税されないが、贈与による所得の場合は課税される。

(26) 解答：1

定期贈与の場合、贈与者または受贈者の死亡によって効力を失う。

(27) 解答：2

非嫡出子の法定相続分は、嫡出子と同じである。

(28) 解答：2

任意後見契約ではなく、法定後見制度では「後見」「保佐」「補助」に区分して支援される。

(29) 解答：1

限定承認を行う場合は、相続人全員で家庭裁判所に申述する必要がある。

なお、放棄は単独で行うことができる。

(30) 解答：1

贈与税の配偶者控除の適用を受けた財産のうち、贈与税の配偶者控除額に相当する金額は、生前贈与加算の対象とならない。

【第2問】

(31) 解答：1

将来の目標額を準備するために一定の利率で一定金額を積み立てる場合、必要な毎年の積立金額を求めるには**減債基金係数**を使用する。利率（年率）2.0％で複利運用しながら10年間にわたって毎年積み立てる必要がある金額は、

8,000,000円×0.09133＝<u>730,640円</u>

(32) 解答：2

雇用保険から支給される育児休業給付金の額は、休業を開始してから180日間は、原則として休業開始時の賃金日額に支給日数を乗じて得た額の（①**67％**）となる。

また、180日経過後は（②**50％**）となる。

(33) 解答：3

可処分所得＝年収－（社会保険料＋所得税・住民税）

800万円－（130万円＋80万円）＝590万円

(34) 解答：2

加給年金を受給するための要件は、厚生年金保険の被保険者期間が（①**20年以上**）あり、生計を維持している（②**65歳**）未満の配偶者または一定の要件を満たす子がいることである。

(35) 解答：2

年金法上の子がない妻が中高齢寡婦加算を受給するためには、妻の年齢が夫の死亡当時（①**40歳**）以上（②**65歳**）未満でなければならない。

(36) 解答：3

保険会社は、告知義務違反を知った時から1カ月以内に行使しなければならない。

その際、解約返戻金があれば払い戻される。

(37) 解答：2

がん保険は、約3カ月間（90日間）の免責期間を設けているものが多い。

(38) 解答：3

契約者が負担する保険料と事故発生の際に支払われる保険金は、それぞれの事故発生リスクの大きさや発生確率に見合ったものでなければならないとする考え方を、給付・反対給付均等の原則（公平の原則）という。

(39) 解答：3

他人から預かった物が盗難に遭うなどして生じた法律上の賠償責任に備えるためには受託者賠償責任保険に加入する必要がある。

(40) 解答：1

普通傷害保険では、靴ずれになった場合などは、補償の対象にならない。

また、しもやけ・日射病なども対象とならない。

(41) 解答：2

最終利回りの計算式は以下のとおりである。

$$\text{最終利回り(\%)} = \frac{\text{クーポン} + \dfrac{\text{額面金額} - \text{購入価格}}{\text{残存期間}}}{\text{購入価格}} \times 100$$

$$\frac{2.0 + \dfrac{100 - 106}{4}}{106} \times 100 = 0.471\cdots\% \rightarrow \underline{0.47\%}$$

(42) 解答：2

ＰＥＲ（株価収益率）は、株価を1株当たり純利益で除して求める。

数字が小さいほど割安と判断される。

(43) 解答：3

外貨預金をする際、円を外貨に換える場合は、（①ＴＴＳ）レートを用いて計算を行う。また、払出の際、外貨を円に換える場合は、（②ＴＴＢ）レートを用いて計算を行う。

(44) 解答：2

ポートフォリオの期待収益率は、各資産の期待収益率を組入れ比率で加重平均したものとなる。

A資産　2.0％×0.6＝1.2％

B資産　1.0％×0.4＝0.4％

1.2％＋0.4％＝1.6％

(45) 解答：1

金融機関が破綻した場合、預金者を保護する方法には、預金保険機構から預金者に対して保険金が支払われる（①ペイオフ方式）と、破綻金融機関の業務を引継ぐ金融機関へ保険金を支払う（②**資金援助方式**）の2つがあり、（②**資金援助方式**）が優先して選択される。

(46) 解答：2

2024年分の所得税について扶養控除の適用を受ける場合、配偶者以外の同一生計親族で年齢が（①**16歳以上**）の者が対象となり、原則38万円の控除が受けられる。また、（②**19歳以上23歳未満**）の者は、特定扶養親族となり、63万円の控除が受けられる。

(47) 解答：3

個人が1月16日以降に新規開業した場合は、青色申告承認申請書を2カ月以内に提出する必要がある。

(48) 解答：3

所得税の速算表により計算すると、

8,000,000円×23％－636,000円＝1,204,000円

(49) 解答：2

青色申告者は純損失の金額を翌年以後、3年間繰り越すことができる。

(50) 解答：3

雑損控除や医療費控除は年末調整では受けることができない。

(51) 解答：3

管理組合は、区分所有者および議決権総数の各4分の3以上で、法人になることができる。

(52) 解答：3

表題部…物理的現況が記載される。（例）所在・地目・地積など

権利部（甲区）…所有権に関する事項が記載される。（例）所有権の保存・所有権の移転など

権利部（乙区）…所有権以外に関する事項が記載される。（例）抵当権・賃借権など

(53) 解答：3

市街化調整区域において開発行為を行う場合、規模に関わらず都道府県知事の許可が必要となる。

また、市街化区域において開発行為を行う場合、1,000㎡を超える規模については都道府県知事の許可が必要となる。

(54) 解答：2

規約の設定・変更・廃止…4分の3以上の賛成が必要。

大規模滅失の復旧…4分の3以上の賛成が必要。

建替え…5分の4以上の賛成が必要。

(55) 解答：3

道路の幅員が4m未満で特定行政庁から指定を受けている道路（2項道路）は、原則として道路の中心線から水平距離（①2m）の線が道路の境界線とみなされる。

なお、セットバック部分は、建蔽率や容積率の計算する際、敷地面積に（②算入しない）。

(56) 解答：1

問題の親族関係図において、民法における父Dさんの法定相続分は（①3分の1）となり、妻Bさんの法定相続分は（②3分の2）となる。

相続人の組合せ	配偶者相続人	血族相続人		
		第1順位（子）	第2順位（直系尊属）	第3順位（兄弟姉妹）
配偶者と第1順位	$\frac{1}{2}$	$\frac{1}{2}$		
配偶者と第2順位	$\frac{2}{3}$		$\frac{1}{3}$	
配偶者と第3順位	$\frac{3}{4}$			$\frac{1}{4}$

(57) 解答：2

婚姻期間が（①20年）以上である配偶者から居住用不動産または居住用不動産を取得するための金銭の贈与を受け、贈与税の配偶者控除の適用を受けた場合、基礎控除とは別に最高で（②2,000万円）まで贈与税がかからない。

(58) 解答：2

なお、死亡退職金の非課税限度額においても、同様に500万円×法定相続人の数で算出する。

(59) 解答：3

公正証書遺言を作成する際、証人の立会が（①必要）となる。

なお、遺言者の相続開始時には家庭裁判所の検認を受ける（②必要がない）。

(60) 解答：2

相続時精算課税制度の適用を受けた場合の贈与税額は、この制度に係る贈与財産から特別控除額（①

2,500万円）を控除した金額に一律（②20%）の税率を乗じて算出する。なお、2024年1月1日以降の贈与については、特別控除に（①2,500万円）に加えて、基礎控除110万円までの非課税が適用される。

第2予想・学科

解答一覧・苦手論点チェックシート

※ 間違えた問題に✓を記入しましょう。

問題	科目	論点	正解	難易度	あなたの苦手※ 1回目	あなたの苦手※ 2回目
1	ライフ	関連法規とコンプライアンス	1	A		
2	ライフ	社会保険	2	A		
3	ライフ	社会保険	2	A		
4	ライフ	公的年金	2	B		
5	ライフ	公的年金	1	B		
6	リスク	生命保険のしくみ	2	A		
7	リスク	損害保険商品	1	A		
8	リスク	第3分野の保険商品	2	A		
9	リスク	生命保険商品	2	A		
10	リスク	生命保険と税金	2	B		
11	金融	株式	1	A		
12	金融	債券	1	A		
13	金融	株式	2	A		
14	金融	金融経済の基礎知識	1	A		
15	金融	セーフティネット	1	B		
16	タックス	各種所得金額の計算	2	A		
17	タックス	税額控除	2	A		
18	タックス	所得控除	1	A		
19	タックス	各種所得金額の計算	2	A		
20	タックス	税額控除	2	B		
21	不動産	都市計画法	2	A		
22	不動産	不動産の見方	1	A		
23	不動産	借地借家法	2	A		
24	不動産	建築基準法	2	A		
25	不動産	売買契約と留意点	1	B		
26	相続	贈与の基礎知識	1	A		
27	相続	財産評価	1	A		
28	相続	贈与の基礎知識	1	A		
29	相続	贈与の基礎知識	1	A		
30	相続	遺留分	1	B		
31	ライフ	住宅ローン	3	B		
32	ライフ	社会保険	3	A		
33	ライフ	公的年金	2	A		

問題	科目	論点	正解	難易度	あなたの苦手※	
					1回目	2回目
34	ライフ	公的年金	2	A		
35	ライフ	その他の年金	3	A		
36	リスク	生命保険商品	2	A		
37		生命保険商品	1	A		
38		損害保険商品	2	B		
39		契約者保護	3	A		
40		生命保険と税金	2	A		
41	金融	債券	3	B		
42		ポートフォリオ	1	A		
43		投資信託	2	A		
44		株式	2	A		
45		複利計算	3	A		
46	タックス	総所得金額の計算	2	A		
47		各種所得金額の計算	3	A		
48		所得控除	3	A		
49		税額控除	1	A		
50		税額控除	1	B		
51	不動産	売買契約と留意点	2	A		
52		不動産の譲渡と税金	1	A		
53		区分所有法	2	A		
54		不動産の保有と税金	3	A		
55		農地法	1	B		
56	相続	相続の基礎知識	2	A		
57		財産評価	3	A		
58		遺留分	2	B		
59		贈与税の申告	2	A		
60		相続税の計算	3	A		

配点は各1点　難易度　A…基本　B…やや難　C…難問

科目別の成績		

ライフ	リスク	金融
1回目　　　/10	1回目　　　/10	1回目　　　/10
2回目　　　/10	2回目　　　/10	2回目　　　/10

タックス	不動産	相続
1回目　　　/10	1回目　　　/10	1回目　　　/10
2回目　　　/10	2回目　　　/10	2回目　　　/10

あなたの得点

1回目

/60 − **36**/60 =

合格点

合格への距離

2回目

/60 − **36**/60 =

【第1問】

(1) 解答：1

任意後見受任者になるために資格は必要なく、誰でもなることができる。

(2) 解答：2

労災保険の保険料は事業主が全額負担する。

(3) 解答：2

公的介護保険の第1号被保険者が介護給付を受けた場合の自己負担割合は、原則1割であるが、所得の金額によって2割または3割となる。

(4) 解答：2

60歳台後半の在職老齢年金については以下の基準を超えると年金が一部または全部が支給停止される。

総報酬月額相当額＋基本月額＞50万円

(5) 解答：1

障害等級1級に該当した場合の障害基礎年金額は、障害等級2級の障害基礎年金額の1.25倍の金額となる。

(6) 解答：2

純保険料は予定死亡率や予定利率を用いて計算され、付加保険料は予定事業費率を用いて計算される。

(7) 解答：1

自己の過失割合に関わらず保険金額の範囲内で実際の損害額が補償される。

(8) 解答：2

国内旅行傷害保険では、地震・噴火・津波は補償の対象とならない。

ただし、細菌性食中毒は補償の対象となる。

(9) 解答：2

リビング・ニーズ特約は、被保険者の余命が6カ月以内と判断された場合に、死亡保険金の一部または全部を受け取ることができる。

(10) 解答：2

養老保険の福利厚生プランは、ハーフタックスプランとも呼ばれている。

支払った保険料の2分の1を資産計上し、2分の1を損金に算入する。

(11) 解答：1

なお、東京証券取引所は、2022年4月4日に「プライム市場・スタンダード市場・グロース市場」の3つ

の市場区分に再編された。

(12) 解答：1
また、利率の高い債券（高クーポン債）よりも利率の低い債券（低クーポン債）の方が変動幅は大きくなる。

(13) 解答：2
証券取引所における株式の売買は、成行注文が優先して売買取引が成立する。

成行注文	値段を指定せず銘柄と数量のみを指定する方法
指値注文	値段と銘柄または数量を指定する方法

(14) 解答：1
なお、国や金融機関が独自で保有する通貨は含まれない。

(15) 解答：1
通常貯金1,300万円、定期性貯金1,300万円、合わせて2,600万円が限度額となっている。

(16) 解答：2
不動産の貸付は事業的規模であっても不動産所得となる。
事業所得となるのは、食事の提供などサービスの提供もあわせて行うときである。

(17) 解答：2
Ｊ-ＲＥＩＴから受け取る収益分配金は、配当控除の対象とならない。

(18) 解答：1
配偶者が青色事業専従者や事業専従者である場合は、配偶者控除または配偶者特別控除の対象とはならず、配偶者控除や配偶者特別控除の適用を受けることができない。

(19) 解答：2
通勤手当は、月額15万円を限度に非課税とされる。

(20) 解答：2
ふるさと納税で寄付する自治体の数が5つ以内ならば、確定申告をしなくても、「ふるさと納税ワンストップ特例」により寄付金控除を受けることができる。

(21) 解答：2
市街化調整区域では、開発の規模に関わらず都道府県知事の許可が必要となる。
また、市街化区域では、1,000㎡を超える開発を行う場合は、許可が必要となる。

(22) 解答：1
登記には公信力がないため、必ずしも法的な保護は受けられない。

(23) 解答：**2**

定期建物賃貸借契約（定期借家権）は、1年未満の契約も有効である。

なお、普通借家権は1年以上で契約しなければ期間の定めのないものとなる。

(24) 解答：**2**

建蔽率は緩和されるが、容積率は緩和されない。

(25) 解答：**1**

自己所有の不動産を賃貸する場合、宅地建物取引業の免許は不要である。

(26) 解答：**1**

低額譲渡があった場合は、時価と対価の差額が贈与税の対象となる。

(27) 解答：**1**

記述のとおり。

(28) 解答：**1**

法人から取得した財産については、給与所得または一時所得となり所得税の対象となる。

(29) 解答：**1**

書面による贈与契約の場合、まだ履行されていない部分についても解除することができない。

(30) 解答：**1**

兄弟姉妹に遺留分は認められていない。

【第2問】

(31) 解答：**3**

下図は、住宅ローンの返済方法のうち、（①**元利均等返済**）をイメージしており、㋐の部分は、（②**利息**）部分を、㋑の部分は（③**元金**）部分を示している。

(32) 解答：**3**

75歳になると、それまで加入していた医療保険を脱退し、後期高齢者医療制度の被保険者となる。

(33) 解答：**2**

遺族厚生年金の受給額は、老齢厚生年金の報酬比例部分を計算した額の（①**4分の3**）に相当する額となる。

また、短期要件の場合で被保険者月数が（②**300月**）に満たない場合は、（②**300月**）として計算する。

(34) 解答：**2**

〈年金を繰上げた場合と繰下げた場合の減額率と増額率〉

繰上げ受給	0.4×繰上げた月数で計算した金額が減額
繰下げ受給	0.7%×繰下げた月数で計算した金額が増額

65歳→67歳　24月繰下げ

0.7%×24月＝16.8%増額となる。

(35) 解答：**3**

国民年金基金に拠出した掛金は、社会保険料控除として所得控除の対象となる。

(36) 解答：**2**

特約部分の保険料は、更新時の年齢による死亡率を用いて算出されるため、更新後の保険料は、更新前の保険料に比べて高くなる。

(37) 解答：**1**

変額個人年金保険は、（①**特別勘定**）の運用実績に基づいて将来受け取る年金額等が変動するが、一般に、（②**死亡給付金額**）については最低保証がある。

(38) 解答：**2**

自賠責保険から支払われる保険金の支払限度額（被害者1名につき）は、被害者が死亡した場合は（①**3,000万円**）、後遺障害の場合は障害の程度に応じて最高（②**4,000万円**）となる。

(39) 解答：**3**

ソルベンシー・マージン比率が200%以上あれば健全性について1つの基準を満たしているといえる。

(40) 解答：**2**

契約者（＝保険料負担者）と保険金の受取人が夫、被保険者が妻である保険契約から妻が死亡した場合に夫が受取る死亡保険金は、（①**所得税**）の対象となる。

また、契約者（＝保険料負担者）が夫、被保険者が妻、受取人を子とする保険契約から妻が死亡した場合に子が受取る死亡保険金は、（②**贈与税**）の対象となる。

〈死亡保険金と税金〉

契約者	被保険者	受取人	課税される税金
A	A	B	相続税
A	B	A	所得税
A	B	C	贈与税

(41) 解答：**3**

個人向け国債は、変動金利の商品である（①**変動10年**）、固定金利の商品である（②**固定3年・固定5年**）

の３種類がある。なお、変動金利商品の適用金利は半年に１度見直しとなっている。

(42) 解答：1

２つの資産で構成されているポートフォリオにおいて、相関係数が（①－１）である場合、２つの資産が（②反対の）値動きをするため、リスク低減効果は最大となる。

（相関係数）

－ 1	２つの資産が反対の動きをするためリスク軽減効果は最大となる
0	２つの資産の動きに関係性が見当たらない
＋ 1	２つの資産が同じ動きをするためリスク軽減効果はない

(43) 解答：2

追加型株式投資信託を基準価格10,000円で購入し、最初の決算時に500円の収益分配金が支払われた。収益分配を支払った後の基準価格が9,700円の場合、受け取った収益分配金のうち（①200円）が普通分配金として課税され、（②300円）が元本払戻金として非課税となる。

(44) 解答：2

普通取引の場合、約定日を含めて３営業日目に受渡される。（2019年７月16日～）
※土日祝日はカウントされない

(45) 解答：3

１年複利の計算式は、元本×（１＋年利率）^{年数}となる。
したがって、1,000,000円×（１＋0.03）^{3}＝1,092,727円

(46) 解答：2

損益通算できる所得は、不動産所得・事業所得・山林所得・譲渡所得である。
（不動産所得）　（事業所得）
　630万円　－　300万円　＝330万円

(47) 解答：3

一時所得の金額は、総収入金額からその収入を得るために支出した金額を控除し、さらに特別控除額（①50万円）を控除して計算する。
また、一時所得の金額を（②2分の１）した金額を総所得金額に算入する。

(48) 解答：3

近視、乱視によるメガネの購入費用などは医療費控除の対象とならない。

(49) 解答：1

配当所得を確定申告する場合、（①総合課税）にて確定申告をすると配当控除の適用を受けることができる。
配当控除の金額は、配当所得の（②10%）で計算した金額が控除額となる。

また、課税総所得金額等が、1,000万円を超える場合、その超える部分については、配当所得の5％で計算した金額が控除額となる。

(50) 解答：1

住宅借入金等特別控除の適用を受けるための要件として、住宅の床面積は（①**40㎡**）以上でなければならない。

また、この住宅が店舗併用住宅の場合は、居住の用に供する部分が（②**2分の1**）以上でなければならない。

(51) 解答：2

専任媒介契約または専属専任媒介契約の有効期間は3カ月となる。

また、一般媒介契約の有効期間については、制限がない。

(52) 解答：1

取得費が不明な土地を譲渡した場合、譲渡所得の計算は概算取得費を用いて計算する。

概算取得費は、譲渡対価×5％で計算する。

(53) 解答：2

区分所有建物に係る登記記録に記載されている面積は、壁の内側の線で囲まれた内法面積によって算出される。

また、チラシやパンフレットに記載される面積は壁芯面積である。

(54) 解答：3

固定資産税における住宅用地の課税標準の特例

小規模住宅用地（200㎡以下の部分）	固定資産税評価額×6分の1
一般住宅用地（200㎡を超える部分）	固定資産税評価額×3分の1

(55) 解答：1

市街化区域内の一定の農地の転用・転用目的の権利移転については、農業委員会へ届出をすれば都道府県知事の許可は不要となる。

(56) 解答：2

共同相続人の1人または数人が相続により財産の現物を取得し、その者が他の相続人に対して債務を負担する分割の方法を代償分割という。

換価分割・・・相続により取得した財産の全部または一部を金銭に換価し、それを分割する方法。

(57) 解答：3

2024年に発生した相続において、「小規模宅地等についての相続税の課税価格の計算の特例」の対象となる特定事業用宅地等を相続人が取得した場合、（①**400㎡**）を限度面積として評価額の（②**80％**）を減額することができる。

(58) 解答：**2**

遺留分侵害額の請求権は、相続の開始および遺留分を侵害する贈与または遺贈があったことを知った時から（①１年間)、または相続開始の時から（②**10年間**）を経過すると時効により消滅する。

(59) 解答：**2**

贈与を受けた者は、翌年の（①２月１日）から３月15日までの間に、（②**受贈者**）の住所地を所轄する税務署長に贈与税の申告書を提出しなければならない。

(60) 解答：**3**

葬儀の費用は債務控除の対象となるが、香典の返戻費用は債務控除の対象とならない。

第3予想・学科

解答一覧・苦手論点チェックシート

※ 間違えた問題に✓を記入しましょう。

問題	科目	論点	正解	難易度	あなたの苦手※ 1回目	あなたの苦手※ 2回目
1	ライフ	関連法規とコンプライアンス	1	A		
2		社会保険	1	A		
3		住宅ローン	1	A		
4		公的年金	1	A		
5		教育ローン	2	A		
6	リスク	契約者保護	2	A		
7		生命保険商品	2	A		
8		生命保険商品	1	A		
9		生命保険のしくみ	2	A		
10		契約者保護	1	B		
11	金融	金融経済の基礎知識	1	B		
12		セーフティネット	1	A		
13		債券	1	A		
14		外貨建金融商品	2	B		
15		株式	2	A		
16	タックス	各種所得金額の計算	1	B		
17		各種所得金額の計算	2	A		
18		所得税の基礎知識	2	A		
19		各種所得金額の計算	2	A		
20		住民税	2	A		
21	不動産	建築基準法	1	A		
22		売買契約と留意点	2	A		
23		不動産の譲渡と税金	2	A		
24		不動産の有効活用	1	B		
25		不動産の取得と税金	1	A		
26	相続	贈与の基礎知識	2	B		
27		贈与税の特例	1	A		
28		相続税の計算	1	A		
29		財産評価	2	B		
30		相続税の計算	1	A		
31	ライフ	社会保険	2	A		
32		教育ローン	1	A		
33		社会保険	2	A		

問題	科目	論点	正解	難易度	あなたの苦手※	
					1回目	2回目
34	ライフ	公的年金	1	A		
35	ライフ	社会保険	2	B		
36	リスク	損害保険商品	3	A		
37		損害保険商品	1	A		
38		損害保険商品	3	A		
39		契約者保護	3	A		
40		契約者保護	2	A		
41	金融	株式	2	B		
42		セーフティネット	3	A		
43		投資信託	2	A		
44		デリバティブ	3	B		
45		デリバティブ	1	A		
46	タックス	各種所得金額の計算	2	A		
47		所得控除	2	B		
48		所得控除	2	A		
49		損益通算	3	A		
50		所得税の基礎知識	3	A		
51	不動産	建築基準法	1	A		
52		借地借家法	3	A		
53		不動産の譲渡と税金	2	A		
54		不動産の譲渡と税金	1	B		
55		不動産投資	3	A		
56	相続	相続の基礎知識	2	A		
57		贈与の特例	3	B		
58		相続税の申告・納付	2	A		
59		財産評価	3	A		
60		相続税の計算	3	A		

配点は各1点　難易度　A…基本　B…やや難　C…難問

科目別の成績		

ライフ	リスク	金融
1回目　　/10	1回目　　/10	1回目　　/10
2回目　　/10	2回目　　/10	2回目　　/10

タックス	不動産	相続
1回目　　/10	1回目　　/10	1回目　　/10
2回目　　/10	2回目　　/10	2回目　　/10

あなたの得点

1回目

/60

－

合格点

2回目

/60

－

36/60

合格への距離

=

=

【第1問】

(1) 解答：1

有償無償を問わず、確定申告書の作成は、税理士資格がない限りFPが行ってはならない。

(2) 解答：1

基本手当の受給期間は、原則として離職の日の翌日から1年間である。

(3) 解答：1

元利均等返済の方が総返済額は多くなる。

(4) 解答：1

学生納付特例を受けた期間に係る保険料を追納しなかった場合は、年金額に反映されない。

(5) 解答：2

国の教育ローンの使途は幅広く認められており、学校納付金に限定されない。

(6) 解答：2

銀行の窓口で契約したものであっても、生命保険契約者保護機構の保護の対象となる。

(7) 解答：2

保険期間が経過すれば保険金額は減少するが、保険料は一定である。

(8) 解答：1

出生前加入特則を付加すれば妊娠中でも申込みが可能となる。

(9) 解答：2

猶予期間は下記のとおり。

月払い	払込期月の翌月初日から末日まで
半年払い 年払い	払込期月の翌月初日から翌々月の月単位の契約応当日まで

(10) 解答：1

記述のとおり。

(11) 解答：1

GDPは、国内で生産された財やサービスの付加価値の総額であり、海外で生産されたものは含まない。

(12) 解答：**1**

消費者契約法の保護の対象は、個人の契約のみである。

(13) 解答：**1**

ダブルB以下は、投資不適格債と判断される。

一方、トリプルB以上は、投資適格債と判断される。

(14) 解答：**2**

外貨建金融商品を円で購入する際の為替手数料は、通貨の種類や取引金額、取扱金融機関によって異なることがある。

(15) 解答：**2**

国内の証券取引所に上場している内国株式を普通取引により売買する場合、売買は100株単位で行われる。

(16) 解答：**1**

特定公社債の利子は申告分離課税の対象となる。

ただし、所得税が源泉徴収されている場合は、申告不要とすることもできる。

(17) 解答：**2**

所得税における法定償却方法は、定額法である。

なお、法人税における法定償却方法は、定率法である。

(18) 解答：**2**

消費税や酒税は間接税であるが所得税は直接税である。

(19) 解答：**2**

公的年金等に係る雑所得の金額は、「収入金額－公的年金等控除額」の算式により計算される。

(20) 解答：**2**

住民税は、その年の1月1日時点での住所地において課税される。

(21) 解答：**1**

住宅は工業専用地域以外の用途地域において建築することができる。

(22) 解答：**2**

相手方が契約の履行に着手した後では、手付により契約を解除することができない。

相手方が契約の履行に着手する前であれば、買主は手付金の放棄、売主は、その倍額を現実に提供することにより契約を解除することができる。

(23) 解答：**2**

譲渡した年の1月1日において所有期間が5年超の場合は長期譲渡所得となり、5年以下の場合は短期譲渡所得となる。

(24) 解答：**1**

なお、借り受けた建設資金は、入居後のテナント料等と相殺する。

(25) 解答：**1**

なお、認定長期優良住宅の場合は、1,300万円を控除することができる。

(26) 解答：**2**

使用貸借※の場合、借地借家法は適用されず借地権が贈与されたとは判断されないため贈与税は課税されない。

※他人の物を無償で使用・収益すること。通常は親子間や友人間で行われるケースが多い。

(27) 解答：**1**

記述のとおり。

(28) 解答：**1**

記述のとおり。

(29) 解答：**2**

相続税の計算において、貸家建付地を評価する場合の計算は、自用地評価額×（1－借地権割合×借家権割合×賃貸割合）によって求める。

(30) 解答：**1**

相続税が2割加算される者とは、配偶者および1親等の血族（子・父母）以外の者である。（子の代襲相続代襲相続人は除く）

したがって、代襲相続人である孫が財産を取得した場合は、2割加算の対象とならない。

【第2問】

(31) 解答：**2**

任意継続被保険者になるための要件は、被保険者期間が継続して2カ月以上ある者が資格喪失日から（①20日）以内に申請をすることである。

なお、要件を満たせば最長で（②2年間）は、任意継続被保険者となることができる。

(32) 解答：**1**

日本学生支援機構が取り扱う奨学金（貸与型）には、（①**無利息**）の第一種奨学金と（②**利息付**）の第二種奨学金がある。

(33) 解答：**2**

業務外での病気やケガの療養や治療のため、連続して（①**3日以上**）仕事を休んでいる場合に健康保険から支給される傷病手当金の金額は、休業1日につき支給開始日以前の継続した12カ月間の標準報酬月額の平均を30日で除した金額の（②**3分の2**）となる。

(34) 解答：1

国民年金の第1号被保険者が、国民年金の定額保険料に加えて月額（**①400円**）の付加保険料を納付し、65歳から老齢基礎年金を受け取る場合、（**②200円**）に付加保険料を納付した月数を乗じて得た額が付加年金として支給される。

(35) 解答：2

雇用保険から支給される教育訓練給付金のうち、一般教育訓練を受講したことにより受取る給付金の額は、受講費用の（**①20%**）で上限額は、（**②10万円**）となっている。

(36) 解答：3

個人賠償責任保険では、他人から借りた物や預かったものを壊した場合は対象外となる。

(37) 解答：1

民法および失火の責任に関する法律（失火責任法）において、借家人が軽過失により火事を起こし、借家と隣家を焼失させた場合、借家の家主に対して損害賠償責任を（**①負う**）。また、隣家の所有者に対して損害賠償責任を（**②負わない**）。

(38) 解答：3

火災保険に地震保険を付帯する場合、保険金額は主契約である火災保険の保険金額の（**①30%～50%**）の範囲とされており、居住用建物の上限は（**②5,000万円**）、家財は1,000万円が上限である。

(39) 解答：3

生命保険会社が破綻した場合、原則として、破綻した時点における（**①責任準備金**）の（**②90%**）までの金額が生命保険保護機構により補償される。

ただし、高予定利率契約はこの限りではない。

(40) 解答：2

契約の申込日またはクーリング・オフの内容を記載した書面を交付された日のいずれか遅い日を含めて8日以内に文書または電磁的記録で申込みの撤回をしなければならない。

(41) 解答：2

2024年以降にＮＩＳＡの成長投資枠とつみたて投資枠をあわせて利用し、株式投資信託等を保有する場合、非課税保有限度額は（**①1,800万円**）であり、このうち成長投資枠での保有は（**②1,200万円**）が上限となる。

(42) 解答：3

外貨預金は、預金保険制度の対象とならない。

(43) 解答：2

投資信託の銘柄選択方法である（**①トップダウン・アプローチ**）とは、マクロ経済の動向を分析して投資対象を選択する方法である。

一方、（**②ボトムアップ・アプローチ**）とは、個別企業へのリサーチなどによる情報を基に投資魅力の高

い銘柄を選択する方法である。

(44) 解答：3

オプション取引において、将来の一定期日または期間内に原資産を買う権利を（①**コール**）オプションといい、売る権利を（②**プット**）オプションという。

(45) 解答：1

デリバティブ取引などを利用して、ベンチマークする指数に対して何倍もの投資成果を得ることを目的として運用され、相場の（①**上昇**）局面で利益が得られるように設定される投資信託を（②**ブル型ファンド**）という。

(46) 解答：2

退職所得の計算において、退職所得控除額は、勤続年数20年までについては1年につき（①**40万円**）で計算し、20年を超える期間については1年につき（②**70万円**）で計算したものを合算する。また、勤続年数が1年未満の期間は切り上げる。

(47) 解答：2

老人扶養親族（70歳以上）・・・48万円
同居老人扶養親族（70歳以上）・・・58万円

(48) 解答：2

生命保険料控除の計算において、2012年1月1日以降に契約した生命保険契約に係る介護医療保険料控除は、最高で（①**4万円**）となり、一般の生命保険料控除と個人年金保険料控除とを合わせた限度額は最高で（②**12万円**）となる。

※2011年12月31日までに契約した生命保険契約に係る生命保険料控除の額は、一般の生命保険料控除額が最高5万円、個人年金保険料控除額が最高5万円、合わせて最高10万円となる。

(49) 解答：3

損益通算できる所得は、不動産所得・事業所得・山林所得・譲渡所得である。

(50) 解答：3

居住者が国内で支払い受ける普通預金の利子は、復興特別所得税を加えると、所得税15.315％※と住民税5％、合わせて20.315％が源泉徴収される。

　※復興特別所得税2.1％増
　15％×1.021＝15.315％

(51) 解答：1

建蔽率は、敷地面積に対する建築面積の割合であるため、次の式で計算する。
　建築面積120㎡÷敷地面積300㎡×100＝40％

(52) 解答：3

一般定期借地権の契約については、（①**公正証書等の書面または電磁的方法**）で行う必要がある。
また、存続期間は（②**50年以上**）と定められている。

(53) 解答：2

居住用財産を譲渡した場合の税金について、「長期譲渡所得における軽減税率の特例」の適用を受けた場合、長期譲渡所得金額のうち、6,000万円までの部分には、（①**10%**）の所得税率が適用され、6,000万円を超える部分には（②**15%**）の所得税率が適用される。なお、復興特別所得税は考慮しないものとする。

(54) 解答：1

個人が特定の居住用財産の買換えの場合の特例を受ける場合、譲渡資産の取得費を（①**引き継ぐ**）。また、譲渡資産の取得日を（②**引き継がない**）。

(55) 解答：3

$$NOI利回り（％）＝\frac{年間純収益}{投資額}×100 \quad によって計算する。$$

$$\frac{3,500万円－3,000万円}{1億円}×100＝5\％$$

(56) 解答：2

相続の放棄をする者は、相続の開始があったことを知った時から（①**3カ月**）以内に（②**1人または数人**）で家庭裁判所に申述する必要がある。

(57) 解答：3

「直系尊属から教育資金の一括贈与を受けた場合の贈与税の非課税制度」の対象となる受贈者の年齢は（①**30歳未満**）で、非課税限度額は（②**1,500万円**）である。

(58) 解答：2

準確定申告の申告・納付の期限は、相続があったことを知った日の翌日から4カ月以内となっている。

(59) 解答：3

上場株式の1株当たり相続税評価額は、次のうち最も低い金額とする。
① 課税時期の終値 …317円
② 課税時期の属する月の毎日の終値の平均額…320円
③ 課税時期の属する月の前月の毎日の終値の平均額…300円
④ 課税時期の属する月の前々月の毎日の終値の平均額…329円
したがって、300円が相続税評価額となる。

(60) 解答：3

〈弔慰金の非課税金額〉
業務上の死亡の場合…普通給与の3年分
業務外の死亡の場合…普通給与の6カ月分

直前予想模試
実技
解答・解説

実技・金財 個人資産相談業務（第1予想）

解答一覧・苦手論点チェックシート

※ 間違えた問題に✓を記入しましょう。

大問	問題	科目	論点	正解	難易度	配点	あなたの苦手※	
							1回目	2回目
第1問	1	ライフ	老齢基礎年金の計算	1	B	4		
	2		公的年金制度	3	A	3		
	3		確定拠出年金個人型年金	2	A	3		
第2問	4	金融	新NISA	3	A	3		
	5		不動産投資信託（J-REIT）	2	A	3		
	6		株式の投資指標	3	B	4		
第3問	7	タックス	医療費控除	3	A	3		
	8		総所得金額の計算	3	B	4		
	9		所得控除	1	A	3		
第4問	10	不動産	建蔽率と容積率の計算	2	B	4		
	11		事業用定期借地権方式	2	A	3		
	12		不動産の価格	2	A	3		
第5問	13	相続	民法上の法定相続分	2	A	3		
	14		小規模宅地等の評価減の特例	1	B	4		
	15		相続税の申告・納付等	1	A	3		

難易度　A…基本　B…やや難　C…難問

科目別の成績	
ライフ	金融
1回目　　／10	1回目　　／10
2回目　　／10	2回目　　／10

タックス	不動産	相続
1回目　／10	1回目　／10	1回目　／10
2回目　／10	2回目　／10	2回目　／10

あなたの得点	合格点	合格への距離
1回目　　／50	−	30/50	=	
2回目　　／50	−	30/50	=	

【第1問】

問1 解答：**1**

1）**適切**。繰上げによる減額率は、2022年4月より1月につき0.4％であるため、5年（60月）で24％の減額となる。よって、受給額は76％を乗じた金額となる。なお、2022年3月以前に60歳に達している者は、1月につき0.5％である。

2）**不適切**。繰上げ支給の減額が反映されていない。

3）**不適切**。繰上げ支給の減額率を1月につき0.7％で計算している。なお、2022年4月より、繰下げ支給の上限年齢が70歳から75歳に引き上げられた。ただし、2022年3月以前に60歳に達している者は、70歳までである。

〈老齢基礎年金額の計算式〉

① 2009年3月までの期間の計算式（国庫負担3分の1）

$$816,000円 \times \frac{保険料納付済月数＋1/4免除月数 \times \frac{5}{6}＋半額免除月数 \times \frac{2}{3}＋3/4免除月数 \times \frac{1}{2}＋全額免除月数 \times \frac{1}{3}}{480月}$$

② 2009年4月以降の期間の計算式（国庫負担2分の1）

$$816,000円 \times \frac{保険料納付済月数＋1/4免除月数 \times \frac{7}{8}＋半額免除月数 \times \frac{3}{4}＋3/4免除月数 \times \frac{5}{8}＋全額免除月数 \times \frac{1}{2}}{480月}$$

問2 解答：**3**

1）**適切**。厚生年金保険の被保険者が退職して国民年金の第1号被保険者になった場合、配偶者は国民年金の第3号被保険者の資格を喪失するので、第1号被保険者の手続きをする必要がある。

2）**適切**。国民年金の保険料の納付方法には、納付書による現金納付や口座振替、クレジットカードによる納付がある。

3）**不適切**。国民年金の保険料は、最大2年間の保険料を前納することができる。前納する場合、前納期間や納付方法に応じて保険料の割引がある。

問3 解答：**2**

1）**適切**。

2）**不適切**。拠出できる掛金の限度額は年額144,000円であり、拠出した掛金は、その全額を所得税の<u>小規模企業共済等掛金控除</u>として総所得金額等から控除することができる。

3）**適切**。60歳到達時に老齢給付金を受給するためには、通算加入者等期間が10年以上必要である。

〈解説〉

　確定拠出年金の個人型年金と確定給付企業年金に加入している場合、原則として、掛金の拠出限度額は月額1.2万円（年額14.4万円）である。掛金全額が、<u>小規模企業共済等掛金控除</u>になる。

【確定拠出年金の個人型 拠出限度額】

第1号被保険者		→ 月額 6.8万円
第2号被保険者	企業年金無し	→ 月額 2.3万円
	企業型DCのみに加入	→ 月額 2万円
	DBと企業型DCに加入	→ 月額 1.2万円
	DBのみに加入	→ 月額 1.2万円
	公務員等	→ 月額 1.2万円
第3号被保険者		→ 年額 2.3万円

※DC：確定拠出年金、DB：確定給付企業年金、厚生年金基金

【第2問】
問4 解答：3

> 2024年以降のNISAは、「つみたて投資枠」と「成長投資枠」に区分されます。「つみたて投資枠」は、年間（①120）万円までの投資にかかる積立、分散投資に適した一定の投資信託の配当や譲渡益を、「成長投資枠」は、年間（②240）万円までの投資にかかる上場株式等の配当や譲渡益を非課税とすることができます。非課税期間は（③無期限）です。

問5 解答：2

1）**不適切**。投資家から集めた資金で、オフィスビルや商業施設、マンションなど複数の不動産などを購入し、その賃貸収入や売買益を投資家に分配する投資信託である。株式は含まれていない。

2）**適切**。上場不動産投資信託（J-REIT）は、上場株式と同じく、成行注文や指値注文を行うことが可能である。

3）**不適切**。不動産投資信託（J-REIT）の分配金は配当所得となり、株式の配当金と同様に扱われる。ただし、総合課税を選択した場合であっても、配当控除の適用を受けることはできない。

問6 解答：3

1）**適切**。PER（株価収益率）とは、現在の株価が1株当たりの当期純利益の何倍かを示すもので、Y社のPERは、16倍である。

$$1株当たり純利益＝\frac{当期純利益}{発行済株式数}$$

$$PER（株価収益率）＝\frac{株価}{1株当たり純利益}$$

Y社：$1株当たり純利益＝\dfrac{40億円（当期純利益）}{4,000万株（発行済株式数）}＝100円$

Y社：$PER＝\dfrac{1,600円（株価）}{100円（1株当たり純利益）}＝16倍$

2）**適切**。ＰＢＲ（株価純資産倍率）とは、現在の株価が１株当たりの純資産の何倍かを示すもので、Ｙ社のＰＢＲは1.6倍である。

$$1株当たり純資産＝\frac{純資産（自己資本）}{発行済株式数}$$

$$ＰＢＲ（株価純資産倍率）＝\frac{株価}{1株当たり純資産}$$

$$Ｙ社：1株当たり純資産＝\frac{400億円（純資産）}{4,000万株（発行済株式数）}＝1,000円$$

$$Ｙ社：ＰＢＲ＝\frac{1,600円（株価）}{1,000円（1株当たり純資産）}＝1.6倍$$

3）**不適切**。配当利回りとは、１株当たりの年間配当金の割合を示す指標であり、Ｙ社の配当利回りは2.5％である。

$$1株当たり配当金＝\frac{配当総額}{発行済株式数}$$

$$配当利回り＝\frac{1株当たり配当金}{株価}×100$$

$$Ｙ社：1株当たり配当金＝\frac{16億円（配当総額）}{4,000万株（発行済株式数）}＝40円$$

$$Ｙ社：配当利回り＝\frac{40円（1株当たり配当金）}{1,600円（株価）}×100＝2.5\%$$

【第3問】

問7 解答：**3**

1）**適切**。本人が医療費控除の適用を受けるためには、確定申告をする必要がある。原則として２月16日から３月15日までの間にＡさんの住所地を所轄する税務署長に提出する。

なお、確定申告書を税務署に持参または送付して提出する方法のほかに、ｅ-Ｔａｘを利用する方法がある。

2）**適切**。

医療費控除の金額（200万円限度）＝実際に支払った医療費の合計額※－10万円

※　生命保険契約などの入院費給付金や、健康保険などの高額療養費・家族療養費・出産育児一時金など、保険金などで補てんされる金額は差し引く。

3）**不適切**。医療費の金額の合計額が10万円を超えると医療費控除額が算出される。

医療費控除の金額（200万円限度）＝実際に支払った医療費の合計額－10万円※

※　総所得金額等が200万円未満の人は、10万円ではなく、総所得金額等の５％の金額になる。

問8 解答：**3**

　総所得金額は、総合課税の対象となる所得を合算した金額であるため、Aさんの場合、給与所得と不動産所得を合算した金額となる。

> 給与所得の金額＝給与収入－給与所得控除額

600万円－164万円※＝436万円…①

※　〈資料〉給与所得控除額より算出。

　　600万円×20％＋44万円＝164万円

> 不動産所得の金額＝総収入金額－必要経費－青色申告特別控除

200万円－50万円＝150万円…②

※　Aさんは、青色申告者ではないため青色申告特別控除の適用はない。

①給与所得436万円＋②不動産所得150万円＝<u>586万円</u>

問9 解答：**1**

1）**適切**。所得税における基礎控除の額は、納税者本人の合計所得金額に応じて表のとおりとなる。Aさんの合計所得金額は2,400万円以下であるため、適用を受けることができる基礎控除の額は48万円である。

【基礎控除の控除額】

納税者本人の合計所得金額		控除額
	2,400万円以下	**48万円**
2,400万円超	2,450万円以下	**32万円**
2,450万円超	2,500万円以下	**16万円**
2,500万円超		0円

2）**不適切**。

【配偶者控除の控除額】

納税者本人の合計所得金額		控除対象配偶者	老人控除対象配偶者
	900万円以下	**38万円**	48万円
900万円超	950万円以下	26万円	32万円
950万円超	1,000万円以下	13万円	16万円

　控除対象配偶者とは、合計所得金額が1,000万円以下である納税者本人と生計を一にする配偶者（合計所得金額が48万円以下）である。46歳の妻Bさんは、2024年中に、パートタイマーとして給与収入80万円を得ている。給与所得控除額55万円を給与収入80万円から差し引くと、給与所得は25万円になる。合計所得金額は48万円以下になり、控除対象配偶者である。表より、配偶者控除の額は<u>38万円</u>である。なお、青色事業専従者と事業専従者は対象外。老人控除対象配偶者とは、70歳以上の控除対象配偶者のことである。

3）**不適切**。

【扶養控除の控除額】

区　分		控除額
一般の控除対象扶養親族（16歳以上）		**38万円**
特定扶養親族（19歳以上23歳未満※1）		63万円
老人扶養親族 （70歳以上※1）	同居老親等以外の者	48万円
	同居老親等※2	58万円

※1　その年の12月31日現在の年齢
※2　納税者本人又は配偶者の父母・祖父母など

　17歳の長男Cは2024年中の給与収入がない。年間の合計所得金額が48万円以下（給与のみの場合は給与収入が103万円以下）であることが控除対象扶養親族の条件である。したがって、一般の控除対象扶養親族として、扶養控除の額は38万円になる。

　扶養控除の対象者は長男Cのみで、控除額は38万円である。

【第4問】

問10 解答：**2**

　建築物の建築面積の上限は建蔽率を用いて求める。建蔽率80％の区域かつ防火地域内に耐火建築物を建てる場合、建蔽率の制限がないため、甲土地は建蔽率を100％として計算する。また、建築物の延べ面積の上限は、前面道路の幅員が12m未満の場合、「指定容積率」と「前面道路幅員×法定乗数」のいずれか小さい数値を敷地面積に乗じて求める。

　建蔽率の上限となる建築面積＝敷地面積×建蔽率＝400㎡×100％＝400㎡

　容積率の上限となる延べ面積＝敷地面積×容積率＝400㎡×400％※＝1,600㎡

　※　8m×6/10＝48/10・・・480％＞400％（指定容積率）　∴400％

問11 解答：**2**

1）**適切**。事業用定期借地権方式では、土地を一定期間貸すことにより地代収入を得る事業方式である。土地を手放さずに安定した地代収入を得ることができること、期間満了後は土地が更地となって返還される点などのメリットがある。

2）**不適切**。相続税の課税価格の計算上、甲土地は貸宅地として評価されるため、相続税額の軽減効果がある。

3）**適切**。事業用定期借地権の設定契約は、公正証書により作成しなければならない。

問12 解答：**2**

1）**適切**。相続税路線価は、宅地に面する路線に付された価格で、路線に面する標準的な宅地1㎡当たりの価格（千円単位）と、借地権割合が90％から30％までのアルファベットのAからGまでの略称で表示されている（A：90％、B：80％、C：70％、D：60％、E：50％、F：40％、G：30％）。
「200D」は、20万円/㎡・借地権割合60％である。

2）**不適切**。相続税路線価は公示価格の**8割**程度に設定されている。相続税路線価は、毎年1月1日を基準日とし、相続税や贈与税を算出する基礎となるものとして、毎年7月に国税局から公表される。

3）**適切**。公示価格は、毎年1月1日を基準日として、3月に公表される。

【第5問】

問13 解答：**2**

　配偶者は常に相続人である。血族相続人には優先順位があり、第1順位は子、第2順位は直系尊属、第3順位は兄弟姉妹である。

　Aさんには第1順位の子がいるため、第2順位の直系尊属、第3順位の兄弟姉妹に相続権はない。したがって、配偶者の妻Bさん、長男Cさん、長女Dさんが相続人となる。

　配偶者と第1順位が相続人の場合、法定相続分は配偶者が$\frac{1}{2}$、第1順位が$\frac{1}{2}$となる。第1順位の法定相続分を長男・長女で等分するので長男・長女は各$\frac{1}{4}$ずつが法定相続分となる。

　したがって、妻Bさん：$\frac{1}{2}$、長男Cさん：$\frac{1}{4}$、長女Dさん：$\frac{1}{4}$となる。

問14 解答：**1**

> ⅰ）「設例にある自宅の土地および家屋を妻Bさんが相続により取得し、その土地について特定居住用宅地等として本特例の適用を受けた場合、限度面積（①**330**）㎡までの部分については、評価減を（②**80**）％減額することができる。」
>
> ⅱ）「妻Bさんが自宅の敷地と建物を相続し、本特例の適用を受けた場合、自宅の敷地（相続税評価額5,000万円）について、相続税の課税価格に算入すべき価額は（③**1,000**）万円となる」

〈解説〉

　特定居住用宅地等として本特例の適用を受けた場合、限度面積330㎡までの部分については、評価減を80％減額することができる。

【小規模宅地等についての相続税の課税価格の計算の特例】

宅地の区分		限度面積	減額割合
居住用	特定居住用宅地	<u>330㎡</u>	<u>80%</u>
事業用	特定事業用宅地	400㎡	80%
	特定同族会社事業用宅地		
貸付事業用宅地（貸付用不動産の宅地）		200㎡	50%

　自宅敷地（300㎡・5,000万円）の相続税評価は330㎡限度に80％評価減になるため、20％評価となる。したがって、相続税の課税価格に算入すべき価額は、<u>1,000万円</u>※となる。

　※自宅の相続税評価額＝5,000万円×（1－0.8）＝<u>1,000万円</u>

問15 解答：**1**

1）**適切**。

2）**不適切**。準確定申告書を提出しなければならない場合、相続人は、原則として、相続の開始があったことを知った日の翌日から<u>4カ月</u>以内に準確定申告書を提出しなければならない。

3）**不適切**。相続税の申告書は、原則として、相続の開始があったことを知った日の翌日から<u>10カ月</u>以内に被相続人の死亡時の住所地を所轄する税務署長に提出しなければならない。

実技・金財 個人資産相談業務（第2予想）

解答一覧・苦手論点チェックシート

※ 間違えた問題に✓を記入しましょう。

大問	問題	科目	論点	正解	難易度	配点	あなたの苦手※ 1回目	あなたの苦手※ 2回目
第1問	1	ライフ	介護保険制度	2	A	3		
第1問	2	ライフ	遺族厚生年金	2	A	3		
第1問	3	ライフ	遺族基礎年金の年金額	3	B	4		
第2問	4	金融	新NISA	1	A	3		
第2問	5	金融	株式の投資指標	2	A	3		
第2問	6	金融	債券の利回り計算	1	B	4		
第3問	7	タックス	総所得金額の計算	2	B	4		
第3問	8	タックス	所得税の基礎知識	1	A	3		
第3問	9	タックス	配偶者控除・扶養控除の金額	1	A	3		
第4問	10	不動産	土地の有効活用	1	A	3		
第4問	11	不動産	土地の有効活用	3	A	3		
第4問	12	不動産	建蔽率・容積率の計算	3	B	4		
第5問	13	相続	相続税の計算	2	A	3		
第5問	14	相続	遺言	3	A	3		
第5問	15	相続	相続人と法定相続分	3	B	4		

難易度　A…基本　B…やや難　C…難問

科目別の成績

ライフ	金融
1回目 /10	1回目 /10
2回目 /10	2回目 /10

タックス	不動産	相続
1回目 /10	1回目 /10	1回目 /10
2回目 /10	2回目 /10	2回目 /10

あなたの得点

1回目

/50 − **30**/50 =

2回目

/50 − **30**/50 =

合格点

合格への距離

【第1問】

問1 解答：2

ⅰ．「介護保険の被保険者は、（①65）歳以上の第1号被保険者と（②40）歳以上（①65）歳未満の医療保険加入者である第2号被保険者に区分されます」

ⅱ．「第（③1）号被保険者は、要介護状態となった原因が特定疾病であるか否かにかかわらず、介護給付を受けることができます」

問2 解答：2

1）**適切**。遺族厚生年金の額は、原則として、老齢厚生年金の報酬比例部分の額の4分の3に相当する額である。

2）**不適切**。計算の基礎となる被保険者期間の月数が300月に満たないため、300月とみなして年金額が計算される。

3）**適切**。中高齢寡婦加算は、「夫の死亡当時40歳以上65歳未満の子のない妻」、もしくは「子のある妻の場合、妻が40歳以上65歳未満で遺族基礎年金を受給できない期間」に加算されるものである。

問3 解答：3

遺族基礎年金は、国民年金の被保険者などが死亡したとき、18歳到達年度末日（3月31日）までの子のある配偶者または子に支給される。遺族基礎年金の年金額（2023年度価額）は、配偶者が受給する場合、816,000円＋子の加算額（子1人につき234,800円、3人目からは子1人につき78,300円）となる。本問において、18歳到達年度末日までにある子は2人であるため、計算式は次のとおり。

816,000円＋234,800円＋234,800円＝1,285,600円

【第2問】

問4 解答：1

1）**適切**。2024年以降のNISAの「つみたて投資枠」は、年間120万円まで、「成長投資枠」は、年間240万円が非課税である。

2）**不適切**。2024年以降のNISAの非課税期間は、「つみたて投資枠」、「成長投資枠」共に無期限である。

3）**不適切**。非課税限度額は、「つみたて投資枠」と「成長投資枠」併せて総額1,800万円である。但し、成長投資枠の非課税限度額は1,200万円までである。

問5 解答：2

1）**不適切**。X社のPERは、22倍である。

$$\text{PER（株価収益率）} = \frac{\text{株価}}{\text{1株当たり純利益}}$$

$$\text{1株当たり純利益} = \frac{\text{当期純利益}}{\text{発行済株式数}}$$

X社　PER $= \dfrac{2,200\text{円（株価）}}{100\text{円（1株当たり純利益）}^{※}} = \underline{22\text{倍}}$

※　X社　1株当たり純利益 $= \dfrac{200\text{億円（当期純利益）}}{2\text{億株（発行済株式数）}} = 100\text{円}$

2）**適切**。X社のROEは10%である。

$$\text{ROE（自己資本利益率）} = \frac{\text{当期純利益}}{\text{自己資本}} \times 100$$

X社　ROE $= \dfrac{200\text{億円（当期純利益）}}{2,000\text{億円（自己資本）}} \times 100 = \underline{10\%}$

3）**不適切**。X社のPBRは2.2倍である。

$$\text{PBR（株価純資産倍率）} = \frac{\text{株価}}{\text{1株当たり純資産}}$$

$$\text{1株当たり純資産} = \frac{\text{純資産（自己資本）}}{\text{発行済株式数}}$$

X社　PBR $= \dfrac{2,200\text{円（株価）}}{1,000\text{円（1株当たり純資産）}^{※}} = \underline{2.2\text{倍}}$

※　X社　1株当たり純資産 $= \dfrac{2,000\text{億円（自己資本）}}{2\text{億株（発行済株式数）}} = 1,000\text{円}$

問6 解答：**1**

最終利回りとは、既発債を償還まで保有した場合の利回りである。

$$\text{最終利回り（\%）} = \frac{\text{表面利率} + \dfrac{\text{額面100円} - \text{購入価格}}{\text{残存期間（年）}}}{\text{購入価格}} \times 100$$

$$= \frac{2.5 + \dfrac{100 - 105}{4}}{105} \times 100 \fallingdotseq \underline{1.19\%}$$

【第3問】

問7 解答：**2**

$$\boxed{\text{給与所得の金額} = \text{給与収入} - \text{給与所得控除額}}$$

800万円 − 190万円$^{※}$ ＝ 610万円…①

※ 〈資料〉給与所得控除額より算出。

800万円×10％＋110万円＝190万円

一時所得の金額＝総収入金額－支出した費用－特別控除額50万円

400万円－320万円－50万円＝30万円…②

①と②を合算する際、②は2分の1する。

①給与所得金額610万円＋②一時所得金額30万円×$\frac{1}{2}$＝625万円

問8 解答：1

1） **不適切**。所得税の確定申告書は、2月16日から3月15日までの間に提出する。

2） **適切**。Aさんが支払っている長男Cさんの国民年金の保険料は、全額が社会保険料控除の対象となる。

3） **適切**。契約期間5年以上の一時払変額個人年金保険の解約返戻金は、一時所得の対象となる。

問9 解答：1

ⅰ．「妻Bさんの2023年分の合計所得金額は30万円です。妻Bさんの合計所得金額は（①**48**）万円以下となりますので、Aさんは配偶者控除の適用を受けることができます。Aさんが適用を受けることができる配偶者控除の額は、（②**38**）万円です」

ⅱ．「Aさんが適用を受けることができる扶養控除の額は、（③**101**）万円です」

〈解説〉

　妻Bさんの合計所得金額は30万円（給与収入85万円－給与所得控除55万円）であり、合計所得金額が48万円以下となるため、Aさんの控除対象配偶者である。Aさんの合計所得金額は 問7 で求めたとおり625万円であり、900万円以下に該当するため、Aさんの配偶者控除の額は、38万円となる。また、長男Cさん（21歳）は19歳以上23歳未満で収入がないので、特定扶養親族として63万円の控除対象である。長女Dさん（17歳）はAさんと生計を一にする16歳以上の親族で収入がないので、一般扶養親族として38万円の控除対象である。したがって、2人の控除額を合計すると「38万円＋63万円＝101万円」である。

【第4問】

問10 解答：1

ⅰ）土地の所有者が計画、建築、運営などをすべて自分で行う方式は、（①**自己建設**）方式です。

ⅱ）入居予定のテナントから建設協力金を集め、それを元手に建築した建物をテナントに貸し出す事業方式は（②**建設協力金**）方式です。

ⅲ）土地を一定期間貸すことにより地代収入を得る事業方式は（③**事業用定期借地権**）方式です。

問11 解答：3

1） **不適切**。等価交換方式の場合、建設資金の負担は事業主であるが、完成した建物の住戸等をAさんと事業主が出資割合に応じて取得する。

2） **不適切**。固定資産税の課税標準を6分の1の額とする特例である。

【住宅用地の課税標準額（特例）】

	小規模住宅用地 （200㎡以内）	その他の住宅用地 （200㎡超）
固定資産税	価格の6分の1の額	価格の3分の1の額
都市計画税	価格の3分の1の額	価格の3分の2の額

3） **適切**。甲土地が貸付事業用宅地等に該当すれば、『小規模宅地等についての相続税の課税価格の計算の特例』の適用を受けることができる。相続税の課税価格の計算上、200㎡までの部分について50%減額できる。

【「小規模宅地等についての相続税の課税価格の計算の特例」の限度面積と減額割合】

宅地の区分		限度面積	減額割合
居住用	特定居住用宅地	330㎡	80%
事業用	特定事業用宅地	400㎡	80%
	特定同族会社事業用宅地		
貸付事業用宅地（貸付用不動産の宅地）		200㎡	50%

問12 解答：**3**

最大建築面積を求める。

$400㎡ \times (60\% + 10\%^{※1} + 10\%^{※2}) = 320㎡$

※1　防火地域内に耐火建築物を立てる場合、建蔽率が10%緩和される。

※2　特定行政庁指定の角地の場合、建蔽率が10%緩和される。

最大延べ面積を求める。

〈前面道路幅員による容積率の制限〉

・前面道路の幅員が12m以上の場合は指定容積率が適用される。
・前面道路の幅員が12m未満の場合は、次の①②のうち小さいほうが適用される。
　①　指定容積率
　②　前面道路幅員$^{※1} \times$法定乗数$^{※2}$

※1　2つ以上の道路に面する場合は幅の広いものが前面道路となる。
　　　設例の甲土地の場合幅員4mの道路が前面道路となる。

※2　法定乗数
　　　・住居系用途地域…$\dfrac{4}{10}$　・その他の用途地域…$\dfrac{6}{10}$

指定容積率　200%…①

$4m \times \dfrac{4}{10} = \dfrac{16}{10} \rightarrow 160\%$ …②

いずれか小さいほうが適用されるので②が甲土地の容積率となる。

したがって、最大延べ面積は以下のとおりである。

　$400㎡ \times 160\% = 640㎡$

【第5問】

問13 解答：2

　　配偶者の税額軽減は、配偶者の生活保障や財産形成の貢献度を考慮したもので、一定の算式を用いて計算した金額を相続税額から控除するが、結果的には配偶者が取得した遺産が、法定相続分以下または（①**1億6,000万円以下**）の場合には、配偶者には相続税がかからないというものである。なお、この税額軽減を利用することにより、相続税額がゼロとなった場合、相続税の申告は（②**必要**）である。相続税の申告は、（③**10カ月**）以内に被相続人の死亡時における住所地の所轄税務署で行う。

問14 解答：3

1）**適切**。公正証書遺言は、証人**2人**以上の立会いのもと、遺言者が遺言の趣旨を公証人に口授し、公証人がこれを筆記して作成する。

2）**適切**。自筆証書遺言を作成した者は、法務大臣の指定する法務局に遺言書の保管を申請できる。なお、遺言書保管所に保管されている遺言書は、家庭裁判所の検認が不要となる。

3）**不適切**。遺言によって遺留分が侵害された場合であっても、その遺言が無効になることはない。遺留分権利者になることができるのは、兄弟姉妹を除く法定相続人であり、配偶者・子・直系尊属である。遺留分権利者は遺留分侵害額の請求等ができる。なお、直系尊属のみが相続人である場合を除き、遺留分の割合は2分の1である。

問15 解答：3

　　配偶者は常に相続人である。血族相続人には優先順位があり、第1順位は子、第2順位は直系尊属、第3順位は兄弟姉妹である。

　　Aさんには第1順位の子がいるため、配偶者と第1順位の子が相続人となる。

　　長女Dさんは相続開始前に亡くなっているので孫Eさん・孫Fさんが代襲相続人となる。

　　配偶者と第1順位が相続人の場合、法定相続分は配偶者が$\frac{1}{2}$、第1順位が$\frac{1}{2}$となる。

　　長女Dさんが生存していた場合、第1順位の長女Dさんと長男Gさんで$\frac{1}{2}$を等分し、各$\frac{1}{4}$ずつが法定相続分となるが、長男Gさんが放棄をしているため$\frac{1}{2}$が長女Dさんの相続分となる。代襲相続分は、被代襲者（長女Dさん）の相続分に等しくなり、これを孫Eさん、孫Fさんで等分するため、各$\frac{1}{4}$ずつが法定相続分となる。したがって、妻Bさん$\frac{1}{2}$、孫Eさん$\frac{1}{4}$、孫Fさん$\frac{1}{4}$となる。

実技・金財 保険顧客資産相談業務 （第1予想）

解答一覧・苦手論点チェックシート

大問	問題	科目	論点	正解	難易度	配点	あなたの苦手※ 1回目	あなたの苦手※ 2回目
第1問	1	ライフ	老齢基礎年金の年金額	1	A	4		
	2		老齢基礎年金の繰上げ・繰下げ	3	A	3		
	3		国民年金基金等	2	A	3		
第2問	4	リスク	生命保険契約の内容	3	B	4		
	5		生命保険の加入等	3	A	3		
	6		高額療養費制度	3	A	3		
第3問	7		死亡に係る死亡退職金等	1	A	3		
	8		死亡保険金受取時の経理処理	1	B	4		
	9		長期平準定期保険の概要	2	A	3		
第4問	10	タックス	所得税の青色申告	2	A	3		
	11		所得控除	3	A	3		
	12		総所得金額の計算	2	B	4		
第5問	13	相続	相続開始後の手続等	1	A	3		
	14		特定居住用宅地等	3	A	3		
	15		相続税の計算	2	B	4		

難易度　A…基本　B…やや難　C…難問

| 科目別の成績 | | あなたの得点 | | 合格点 | | 合格への距離 |

ライフ	リスク
1回目 ／10	1回目 ／20
2回目 ／10	2回目 ／20

タックス	相続
1回目 ／10	1回目 ／10
2回目 ／10	2回目 ／10

1回目

／50　－　**30**/50　＝

2回目

／50　－　**30**/50　＝

【第1問】

問1 解答：1

未納期間は、年金額に反映されない。

Aさんが65歳から受け取ることができる老齢基礎年金額 $= 816{,}000円 \times \dfrac{456月}{480月}$

問2 解答：3

1）**適切**。老齢基礎年金の支給開始年齢は原則65歳だが、60歳以上65歳未満の間に老齢基礎年金の繰上げ支給を請求することができる。

2）**適切**。老齢基礎年金の繰上げ支給を請求した場合、生涯にわたり減額された年金が支給される。老齢基礎年金の繰上げ支給を請求した場合、1カ月あたりの減額率は0.4%となる。

（65歳－60歳）×12月×0.4％＝24％

3）**不適切**。老齢基礎年金の繰下げ支給は、66歳以降75歳までの間に申出をすることができる。

問3 解答：2

> ⅰ）「Aさんは、国民年金基金に加入することができます。国民年金基金の掛金の上限は、原則として、個人型年金の掛金と合わせて月額（①68,000）円となります」
>
> ⅱ）「Aさんには学生納付特例期間がありますが、学生納付特例期間について追納できるのは（②10）年以内の保険料です」
>
> ⅲ）「Aさんは、国民年金の定額保険料に加えて付加保険料を納付することができます。仮に、Aさんが付加保険料を180月納付し、65歳から老齢基礎年金を受け取る場合、老齢基礎年金の額に付加年金として年額（③36,000）円が上乗せされます」

〈解説〉

国民年金の第1号被保険者は付加保険料を納付することができる。月額400円の付加保険料を納付すると、付加年金として「200円×納付月数(180月)＝年額36,000円」が上乗せされる。

【第2問】

問4 解答：3

1）**適切**。終身保険200万円＋定期保険特約3,000万円＋特定疾病保障保険特約300万円＝3,500万円。なお、契約者と被保険者が同一人である死亡保険金は、相続税の課税対象となる。

2）**適切**。記述のとおり。

3）**不適切**。特定疾病保障定期保険特約から保険金を受け取った場合、この特約は終了する。その後死亡したとしても保険金を受け取ることはできない。Aさんが不慮の事故で180日以内に亡くなった場合に一時金として受け取れる死亡保険金の額は、4,200万円となる。

終身保険200万円＋定期保険特約3,000万円＋傷害特約500万円＋災害割増特約500万円＝4,200万円

問5 解答：**3**

1）**適切**。介護状態になる場合に備えて、介護保険の準備について検討するとよい。

2）**適切**。病気やケガで就業不能状態となる場合に備えて、死亡保障だけでなく、就業不能保障の準備について検討するとよりよい。

3）**不適切**。生命保険募集人は告知受領権を有していないため、生命保険募集人に対して、口頭で告知することは認められない。

問6 解答：**3**

1）**不適切**。6歳から69歳までの医療費の一部負担金の割合は 3割 である。

2）**不適切**。高額療養費制度は、同一月（1日～末日）に医療機関等に支払った医療費の一部負担金等の額が自己負担限度額を超えた場合、所定の手続により、自己負担限度額を超えた額が高額療養費として支給される制度である。

3）**適切**。

【第3問】

問7 解答：**1**

退職所得の金額＝（退職金収入額－退職所得控除額）$\times \dfrac{1}{2}$

退職所得控除額は、勤続年数に応じて以下のように定められている。

勤続年数	退職所得控除額
20年以下	40万円×勤続年数（最低80万円）
20年超	800万円＋70万円×（勤続年数－20年）

Bさんの勤続年数は40年であるから、Bさんの退職所得控除額は

　800万円＋70万円×（40年－20年）＝2,200万円　となる。

よって、Bさんの退職所得の金額は、

　（7,000万円－2,200万円）$\times \dfrac{1}{2}$＝2,400万円　となる。

問8 解答：**1**

終身保険部分の540万円は保険料積立金として経理処理をしている。これを取り崩し、残りは雑収入とする。

問9 解答：**2**

1）**適切**。役員の勇退時に名義変更することで、払済終身保険を役員退職金の一部として現物支給することができる。

2）**不適切**。異なる種類の払済保険（定期保険から終身保険）に変更する場合、経理処理が必要となる。なお、同種類の変更であれば経理処理は不要である。

3）**適切**。契約者貸付制度を利用すると、一定（当該生命保険は解約返戻金額の80％）の範囲内で資金を借り入れることができるが、保険会社所定の利息が発生する。

【第4問】

問10 解答：2

- 事業所得に係る取引を正規の簿記の原則に従い記帳し、その記帳に基づいて作成した貸借対照表、損益計算書その他の計算明細書を添付した確定申告書を法定申告期限内に提出することにより、事業所得の金額の計算上、青色申告特別控除として最高（①55）万円を控除することができます。
  なお、従前の要件に加えて、e-Taxによる申告（電子申告）または電子帳簿保存を行うことで、（②65）万円の青色申告特別控除の適用を受けることができます。
- 青色申告者が適用を受けられる税務上の特典として、青色申告特別控除の適用、青色事業専従者給与の必要経費算入、翌年以後（③3）年間の純損失の繰越控除、純損失の繰戻還付などがあります。

問11 解答：3

1）**不適切**。Aさんが解約した一時払個人変額年金保険（確定年金）解約返戻金は、税務上、<u>一時所得</u>として所得税の課税対象となる。
2）**不適切**。青色事業専従者として給与の支払いを受けている場合、配偶者控除の適用を受けることはできない。
3）**適切**。長男Cさん（19歳）の給与所得の金額（合計所得金額）は48万円以下で、19歳以上23歳未満であるため、特定扶養親族に該当し、扶養控除としてAさんは63万円の所得控除を受けることができる。

問12 解答：2

事業所得および一時所得は総合課税の対象となるため、Aさんの2023年分の総所得金額は以下のように計算する。なお、総所得金額に算入される一時所得の金額は、一時所得の金額の2分の1である。

事業所得の金額：600万円

> **一時所得の金額＝総収入金額－支出金額－特別控除額（50万円）**

$$＝800万円－700万円－50万円＝50万円$$

総所得金額　　：$600万円＋50万円×\dfrac{1}{2}＝\underline{625万円}$

【第5問】

問13 解答：1

- Aさんの相続における遺産に係る基礎控除額は、（①4,800）万円である。
- 相続税の申告書は、原則として、相続の開始があったことを知った日の翌日から（②10カ月）以内に提出しなければならない。
- 長男Cさんが受け取った死亡保険金は、みなし相続財産として相続税の課税対象となるが、死亡保険金の非課税金額の規定の適用を受けることで、相続税の課税価格に算入される金額は（③2,500）万円となる。

〈解説〉

> **遺産に係る基礎控除額＝3,000万円＋600万円×法定相続人の数**

本問の法定相続人は、配偶者である妻Bさんと、長男Cさん、長女Dさんの計3人。

よって、①の遺産に係る基礎控除額は、3,000万円＋600万円×３人＝<u>4,800万円</u>

　相続人が取得した死亡保険金および死亡退職金のそれぞれについて「500万円×法定相続人の数」で計算した非課税金額を控除することができ、その超える部分は「みなし相続財産」として相続税の課税対象となる。法定相続人は、妻Ｂさん、長男Ｃさんおよび長女Ｄさんの３人。

　非課税金額：500万円×３人＝1,500万円

　よって、③の相続税の課税価格に算入される金額は、4,000万円－1,500万円＝<u>2,500万円</u>

問14 **解答：3**

> ⅰ）「自筆証書遺言は、所定の手続により、（①**法務局**）（遺言書保管所）に保管することができます。
> （①**法務局**）（遺言書保管所）に保管された自筆証書遺言は、相続開始時、（②**家庭裁判所**）の検認が不要となります」
> ⅱ）「妻Ｂさんが自宅の敷地を相続により取得し、『小規模宅地等についての相続税の課税価格の計算の特例』の適用を受けた場合、自宅の敷地（相続税評価額9,000万円）について、相続税の課税価格に算入すべき価額を（③**1,800万円**）とすることができます」

〈解説〉

　特定居住用宅地に該当する敷地を相続により取得した場合、330㎡までの部分が80％減額される。

$$330㎡のため、9,000万円 - \frac{9,000万円 \times 330㎡}{330㎡} \times 80\% = \underline{1,800万円}$$

問15 **解答：2**

課税遺産総額：２億4,000万円

　妻Ｂさんの法定相続分：$\frac{1}{2}$　　２億4,000万円×$\frac{1}{2}$＝１億2,000万円

　１億2,000万円×40％－1,700万円＝3,100万円…①

　長男Ｃさんの法定相続分：$\frac{1}{2} \times \frac{1}{2} = \frac{1}{4}$　　２億4,000万円×$\frac{1}{4}$＝6,000万円

　6,000万円×30％－700万円＝1,100万円…②

　長女Ｄさんの法定相続分：$\frac{1}{2} \times \frac{1}{2} = \frac{1}{4}$　　２億4,000万円×$\frac{1}{4}$＝6,000万円

　6,000万円×30％－700万円＝1,100万円…③

①＋②＋③＝3,100万円＋1,100万円＋1,100万円＝<u>5,300万円</u>

実技・金財 保険顧客資産相談業務 (第2予想)

解答一覧・苦手論点チェックシート

※ 間違えた問題に✓を記入しましょう。

大問	問題	科目	論点	正解	難易度	配点	あなたの苦手※	
							1回目	2回目
第1問	1	ライフ	老齢基礎年金の年金額	2	B	4		
	2		老齢厚生年金	3	A	3		
	3		学生納付特例制度	3	A	3		
第2問	4	リスク	必要保障額の試算	3	B	4		
	5		必要保障額の考え方	2	A	3		
	6		生命保険契約の内容	1	A	3		
第3問	7		退職所得	1	B	4		
	8		保険料支払時の経理処理	2	A	3		
	9		長期平準定期保険の概要等	3	A	3		
第4問	10	タックス	総所得金額の計算	1	A	3		
	11		所得税の課税等	3	B	4		
	12		所得控除	1	A	3		
第5問	13	相続	相続税の課税価格等	1	A	3		
	14		相続に関する申告等	3	A	3		
	15		相続税の計算	2	B	4		

難易度　A…基本　B…やや難　C…難問

科目別の成績

ライフ	リスク
1回目　　/10	1回目　　/20
2回目　　/10	2回目　　/20

タックス	相続
1回目　　/10	1回目　　/10
2回目　　/10	2回目　　/10

あなたの得点	合格点	合格への距離
1回目　/50	30/50	=
2回目　/50	30/50	=

【第1問】

問1　解答：2

　老齢基礎年金の年金額は、満額816,000円（2024年度価額）に、20歳から60歳までの40年（480カ月）間のうちの保険料納付済月数をかけて求める。設例より、20歳から大学生であった期間（35月）は国民年金に任意加入していないため満額受給できない。

$$老齢基礎年金の年金額 = 816,000円 \times \frac{納付月数}{480月}$$

$$= 816,000円 \times \frac{480月 - 35月}{480月}$$

$$= \underline{816,000円 \times \frac{445月}{480月}}$$

問2　解答：3

1）**適切**。特別支給の老齢厚生年金（報酬比例部分）については、男性：1961年4月2日生まれ、女性：1966年4月2日生まれ以後の者には支給されない。

2）**適切**。65歳から受給する老齢厚生年金額は65歳までの記録を基に計算される。

3）**不適切**。加給年金は、厚生年金の被保険者期間が20年以上ある者が65歳に到達したときに、65歳未満の配偶者または一定の子があるときに支給される。Aさんが65歳に到達したときに、65歳未満の妻Bさんがいるため、加給年金が加算される。

問3　解答：3

i）「日本国内に住所を有する20歳以上（①**60歳**）未満の者は、原則として、国民年金の被保険者となります。長女Cさんは、第（②**1号**）被保険者として国民年金の保険料の納付義務を負うことになります」

ii）「学生納付特例制度により納付が猶予された保険料は、所定の手続きにより、（③**10年**）前まで遡って追納することができますが、保険料を追納しなかった場合、納付が猶予された期間は、老齢基礎年金の年金額には算入されません」。

【第2問】

問4　解答：3

　必要保障額＝死亡後の総支出－総収入

　支出については下記のとおりである。
　Aさん死亡後の生活費
　・長女Cさんが独立するまで：25万円（日常生活費）×70％×12カ月×22年＝4,620万円
　・長女Cさん独立後：25万円×50％×12カ月×34年（平均余命）＝5,100万円
　したがって、Aさん死亡後の生活費は、4,620万円＋5,100万円＝9,720万円

4）葬儀費用等：300万円

5）住居費：4,500万円

6）教育・結婚援助資金：1,000万円

　　総支出＝9,720万円＋300万円＋4,500万円＋1,000万円＝1億5,520万円

　また、収入については下記のとおりである。

7）死亡退職金見込額と保有金融資産の合計額：2,000万円

8）妻Bさんの公的年金総額：6,200万円

9）現在加入している生命保険の死亡保険金額は考慮しない。

　　総収入＝2,000万円＋6,200万円＝8,200万円

　結果として、必要保障額は、

　　1億5,520万円（総支出）－8,200万円（総収入）＝<u>7,320万円</u> となる。

問5 解答：2

1）**適切**。必要保障額は、算出する時点によって変化するため、節目となるライフイベントが発生するタイミングで再計算することが大切である。

2）**不適切**。住宅ローンは、団体信用生命保険の保険金によって完済されるため、遺族に必要な生活資金等の支出の総額に含める必要はない。

3）**適切**。遺族基礎年金は、子の18歳到達年度の3月末までの支給となるが、遺族厚生年金は、その後も継続して支給される。

問6 解答：1

1）**不適切**。先進医療の治療を受けた場合、診察料および投薬料に係る費用は公的医療保険の対象であるが、<u>技術料に係る費用は全額自己負担</u>である。

2）**適切**。指定代理請求特約を付加することで、指定代理請求人が被保険者に代わって保険金を請求することができる。

3）**適切**。死亡時には終身100万円と定期保険500万円の一時金と、収入保障特約による年50万円×5年（最低支払保証期間）の年金を受け取ることができる。

【第3問】

問7 解答：1

退職所得の計算は、次のように行う。

$$（収入金額－退職所得控除額）\times \frac{1}{2}＝退職所得の金額$$

「役員等勤務年数」は、役員等勤続期間の年数であり、1年未満の端数がある場合はその端数を1年に切り上げて計算を行う。

【退職所得控除額の計算】

勤続年数	退職所得控除額
20年以下	40万円×勤続年数（80万円に満たない場合には、80万円）
20年超	800万円＋70万円×（勤続年数－20年）

$$〔8,000万円－\{800万円＋70万円×（40年－20年）\}〕×\frac{1}{2}＝\underline{2,900万円}$$

問8 解答：**2**

　2019年以前に契約している長期平準定期保険は、前半60％の期間に支払った保険料の2分の1を定期保険料（損金）、残りの2分の1を前払保険料（資産）として経理処理する。X社が解約時までに支払った保険料の累計額は6,000万円なので、その2分の1の3,000万円が前払保険料として資産に計上されている。よって、前払保険料3,000万円を取り崩し、解約返戻金額5,500万円（現金·預金）との差額2,500万円を雑収入（益金）として処理する。

借　　方		貸　　方	
現金・預金	5,500万円	前払保険料	3,000万円
		雑　収　入	2,500万円

問9 解答：**3**

1）**不適切**。長期平準定期保険の単純返戻率は、保険期間内でピーク時期を迎え、保険期間満了時には解約返戻金額がゼロとなるため、満期保険金は支払われない。

2）**不適切**。解約返戻金は、役員退職金の原資のほかに事業資金として活用できる。

3）**適切**。保険期間中に資金が必要となった場合、解約返戻金の範囲内で契約者貸付制度を利用することができる。

【第4問】

問10 解答：**1**

《設例》の資料のうち、給与収入は800万円。

> **給与所得の金額＝給与収入－給与所得控除**

　800万円－（800万円×10％＋110万円）＝610万円…①

> **一時所得の金額＝収入額－収入を得るために支出した額－特別控除（50万円）**

　解約返戻金550万円－払込保険料450万円－特別控除50万円＝50万円

　契約から5年を超えてから解約した一時払変額個人年金の解約返戻金は、一時所得として総合課税の対象となる。なお、総所得金額に算入される一時所得の金額は、一時所得の金額の2分の1である。

　総所得金額に算入される一時所得の金額＝50万円×$\frac{1}{2}$＝25万円…②

　よって、総所得金額＝①給与所得金額610万円＋②一時所得金額25万円＝$\underline{635万円}$

問11 解答：**3**

1）**適切**。なお、一時払の（変額）個人年金保険のうち、確定年金タイプの保険を契約から5年以内に解約した場合には、金融類似商品とみなされ源泉分離課税の対象となる。

2）**適切**。総所得金額が200万円超のAさんは、2024年中に支払った医療費の総額が10万円を超えていない場合、医療費控除額は算出されない。

> **医療費控除の金額（200万円限度）＝実際に支払った医療費の合計額[※]－10万円^(注)**

※生命保険契約などの入院費給付金や、健康保険などの高額療養費・家族療養費・出産育児一時金など、保険金などで補てんされる金額は差し引く。

（注）その年の総所得金額等が200万円未満の人は、10万円ではなく、総所得金額等の5％の金額になる。

3）**不適切**。年末調整では医療費控除の適用を受けることができません。Aさんが医療費控除の適用を受けるためには、確定申告をする必要があります。

問12 解答：**1**

1）**適切**。Aさんの合計所得金額が900万円以下で、配偶者の合計所得金額が48万円以下（妻Bさんに収入はない）の場合、38万円の配偶者控除の適用を受けることができる。

2）**不適切**。長男Cさん（20歳）の給与所得の金額（合計所得金額）は48万円以下で、19歳以上23歳未満であるため、特定扶養親族に該当し、扶養控除として63万円の所得控除を受けることができる。なお、長女Dさんは14歳であり、扶養控除の対象ではない。

3）**不適切**。一時払変額個人年金保険の解約返戻金は、一時所得（総合課税）の対象となるが、550万円－450万円－50万円（特別控除額）＝50万円となり、20万円を超えるため確定申告をしなければならない。

【第5問】

問13 解答：**1**

1）**不適切**。相続人が受け取る死亡保険金の非課税枠は「500万円×法定相続人の数」である。法定相続人は3人（妻Bさん、長男Cさん、孫Gさん）なので非課税限度額は「500万円×3人＝1,500万円」。
死亡保険金額が5,000万円なので、差額の「5,000万円－1,500万円＝3,500万円」が相続税の課税価格に算入される。

2）**適切**。特定居住用宅地に該当する敷地を相続により取得した場合、330㎡までの部分が80％減額される。5,000万円×80％＝4,000万円

3）**適切**。『配偶者に対する相続税額の軽減』は、配偶者の法定相続分相当額と1億6,000万円のいずれか多い金額までの納付税額がゼロになる。

問14 解答：**3**

> ⅰ）長男Cさんは、相続時精算課税を選択しているため、2020年に受けた贈与財産の価額3,000万円から2,500万円の特別控除額を控除した後の金額に、一律20％の税率を乗じて計算された贈与税を納めています。Aさんの死亡により、相続財産の価額に合算する贈与財産の価額は、（①**贈与時**）の価額となります。
>
> ⅱ）Aさんが2024年分の所得税について確定申告書を提出しなければならない者に該当する場合、相続人は、原則として、相続の開始があったことを知った日の翌日から（②**4カ月**）以内に準確定申告書を提出しなければなりません。

iii）相続税の申告書は、原則として、相続の開始があったことを知った日の翌日から（③**10カ月**）以内
に被相続人であるＡさんの死亡時の住所地を所轄する税務署長に提出しなければなりません。

〈解説〉
　2024年１月より、相続時精算課税の特別控除（2,500万円）の他に、贈与税の基礎控除（110万円）も相続
時の財産価額から控除できます。

問15 解答：**2**
課税遺産総額：１億4,000万円
〈相続税の速算表（一部抜粋）〉より算出。

　　妻Ｂさんの法定相続分：$\dfrac{1}{2}$

　　１億4,000万円 × $\dfrac{1}{2}$ ＝ 7,000万円

　　7,000万円 × 30％ － 700万円 ＝ 1,400万円…①

　　長男Ｃさんの法定相続分：$\dfrac{1}{2} × \dfrac{1}{2} ＝ \dfrac{1}{4}$

　　１億4,000万円 × $\dfrac{1}{4}$ ＝ 3,500万円

　　3,500万円 × 20％ － 200万円 ＝ 500万円…②

　　孫Ｇさんの法定相続分：$\dfrac{1}{2} × \dfrac{1}{2} ＝ \dfrac{1}{4}$

　　１億4,000万円 × $\dfrac{1}{4}$ ＝ 3,500万円

　　3,500万円 × 20％ － 200万円 ＝ 500万円…③
　　①＋②＋③＝1,400万円＋500万円＋500万円＝<u>2,400万円</u>

実技・日本FP協会 資産設計提案業務（第1予想）

解答一覧・苦手論点チェックシート

※ 間違えた問題に✓を記入しましょう。

問題	科目	論点	正解	難易度	あなたの苦手※ 1回目	あなたの苦手※ 2回目
1	ライフ	FPと関連法規	3	A		
2		キャッシュフロー表	2	A		
3		バランスシート	1	A		
4		係数を使った計算	1	A		
5		介護休業給付金	2	A		
6	金融	株式の評価尺度	1	A		
7		新NISA	3	B		
8		預金保険制度	2	A		
9	不動産	建築基準法	1	A		
10		定期借地権	3	A		
11		不動産価格の鑑定手法	3	A		
12	リスク	医療保険	3	A		
13		保険契約の継続	2	A		
14		損害保険	2	A		
15	タックス	総所得金額	1	B		
16		所得控除	2	B		
17		所得税額の計算	3	B		
18	相続	相続人および法定相続分	3	A		
19		相続税評価額の計算	3	A		
20		相続開始後の手続き	2	B		

※配点は各5点
※難易度　A…基本　B…やや難　C…難問

科目別の成績

ライフ	リスク	金融
1回目 　　　/25	1回目 　　　/15	1回目 　　　/15
2回目 　　　/25	2回目 　　　/15	2回目 　　　/15

タックス	不動産	相続
1回目 　　　/15	1回目 　　　/15	1回目 　　　/15
2回目 　　　/15	2回目 　　　/15	2回目 　　　/15

あなたの得点　合格点　合格への距離

1回目

/100 － **60**/100 ＝

2回目

/100 － **60**/100 ＝

問1 解答：3

1．**適切**。投資助言・代理業（いわゆる投資顧問業）の登録をしていないＦＰが、運用報告書の記載内容について説明を行うことは可能である。ただし、専門的見地に基づく具体的な投資判断については助言できない。金融商品取引法で定める投資助言・代理業を行うためには、内閣総理大臣の登録を受けなければならない。

2．**適切**。社会保険労務士資格を有していないＦＰは、社会保険労務士の独占業務はできないが、顧客の「ねんきん定期便」等の資料から公的年金の受給見込み額を試算するなど、一般的な公的年金制度や社会保険制度の説明を行うことは可能である。社会保険労務士の独占業務とは、労働者名簿や賃金台帳の作成などの「書類作成業務」や、雇用保険等の社会保険の加入・脱退などの「提出手続代行業務」などである。

3．**不適切**。税理士資格を有していないＦＰは、営利目的の有無、有償・無償を問わず、個別具体的な相続税額を計算するなど税理士業務を行うことができない。ただし、一般的な税法の解説や資料の提供にとどめるのであれば、相談料金を受け取っても良い。

問2 解答：2

1．**不適切**。

> 年間収支＝収入合計－支出合計

2024年の年間収支＝720万円－638万円＝82万円

2．**適切**。

> 金融資産残高＝前年の金融資産残高×（１＋運用利率）±その年の年間収支

2025年の金融資産残高＝400万円×（１＋0.01）－26万円＝378万円

3．**不適切**。

> ○年後の予想額（将来価値）＝現在の金額×（1＋変動率）^経過年数

3年後の基本生活費＝290万円×（１＋0.01）^{3}＝298.7…→299万円（万円未満四捨五入）

問3 解答：**1**

〈バランスシート〉 （単位：万円）

［資産］		［負債］	
金融資産		住宅ローン（自宅マンション）	1,800
普通預金	700		
定期預金	500		
上場株式	50	負債合計	1,800
生命保険（解約返戻金相当額）	100	［純資産］	（ **1,250** ）
不動産（自宅マンション）	1,700		
資産合計	3,050	負債・純資産額合計	3,050

バランスシートの作成手順は次のとおり。

① 設例のデータ［保有資産（時価）］［負債残高］から、資産合計と負債合計を求める。
　資産合計は3,050万円、負債合計は1,800万円

② 「資産合計＝負債・純資産合計」であるため、負債・純資産合計も3,050万円となる。

③ 純資産を求める。
　純資産＝資産合計－負債合計＝3,050万円－1,800万円＝<u>1,250万円</u>

問4 解答：**1**

現在の額から、将来の毎年受け取る金額を求めるには「現在の額×資本回収係数」で求める。

800万円×0.21216（年利2％：5年の資本回収係数）＝<u>1,697,280円</u>

問5 解答：**2**

「介護休業給付金は、雇用保険の一般被保険者または高年齢被保険者が対象家族の介護をするために休業をした場合に支給されます。支給日数1日当たりの支給額は、休業中に賃金が支払われない場合、休業開始時賃金日額の（ア：**67**）％相当額で、同一の対象家族について通算（イ：**93**）日（（ウ：**3**）回まで分割可能）を限度に支給されます。」

問6 解答：**1**

1．誤り。

$$配当利回り＝\frac{1株当たり配当金}{株価}×100$$

配当利回り $\frac{48円}{2,000円}×100＝\underline{2.4\%}$

2．正しい。

$$株価収益率（ＰＥＲ）＝\frac{株価}{1株当たり純利益}$$

株価収益率（ＰＥＲ） $\frac{2,000円}{200円}＝\underline{10倍}$

3．正しい。

$$株価純資産倍率（ＰＢＲ）＝\frac{株価}{1株当たり純資産}$$

株価純資産倍率（ＰＢＲ）$\frac{2,000円}{2,000円}＝\underline{1倍}$

問7 解答：3

1．**適切**。2024年以降のＮＩＳＡは、「つみたて投資枠」と「成長投資枠」に区分される。

2．**適切**。2024年以降のＮＩＳＡの非課税枠は、「つみたて投資枠」は、年間120万円まで、「成長投資枠」は、年間240万円までである。

3．**不適切**。2024年以降のＮＩＳＡの非課税期間は<u>無期限</u>である。

問8 解答：2

決済用預金は全額保護されるが、円定期預金や利息の付く円普通預金などの一般預金等は、1金融機関ごとに預金者1人当たり元本1,000万円までとその利息等が預金保険制度により保護される。外貨預金、投資信託、譲渡性預金、金融債（募集債及び保護預り契約が終了したもの）などは預金保険制度による保護の対象外である。

- ●普通預金　　　　500万円→○
- ●定期預金　　　　250万円→○
- ●外貨預金　　　　 80万円→×
- ●株式投資信託　　150万円→×

∴500万円＋250万円＝<u>750万円</u>

問9 解答：1

建築物の建築面積の最高限度については、建蔽率を用いて計算する。

建築面積の最高限度＝面積×建蔽率＝800㎡×60％＝<u>480㎡</u>

問10 解答：3

種類	一般定期借地権	事業用定期借地権等	建物譲渡特約付借地権
借地借家法	第22条	第23条	第24条
存続期間	50年以上	10年以上50年未満	（ウ：**30**）年以上
契約方式	（ア：**公正証書等の書面または電磁的記録**）	（イ：**公正証書**）	指定なし
契約終了時の建物	原則として借地人は建物を取り壊して土地を返還する	原則として借地人は建物を取り壊して土地を返還する	土地所有者が建物を買い取る

問11 解答：**3**

【不動産価格の鑑定手法】

（ア：**原価法**）	対象不動産の再調達原価を求め、この再調達原価に減価修正を行い対象不動産の試算価格を求める手法
（イ：**取引事例比較法**）	多数の取引事例を収集して適切な事例を選定し、事情補正や時点修正を行い、かつ、地域要因や個別的要因の比較を行って、対象不動産の試算価格を求める手法
収益還元法	対象不動産が将来生み出すであろうと期待される純収益の（ウ：**現在価値**）の総和を求めることにより、対象不動産の試算価格を求める手法

問12 解答：**3**

> 鈴木さんが、2024年中にガン（悪性新生物）と診断され、その後30日間入院し、給付倍率20倍の手術（1回）を受けた場合、支払われる給付金は、合計（ア：**25万円**）である。

〈解説〉

ガン（悪性新生物）による入院・手術の場合、下記の給付金を受け取ることができる。

入院給付金：日額　5,000円

手術給付金：給付金額　　入院給付金日額×10・20・40倍

入院給付金：5,000円×30日＝15万円

手術給付金：5,000円×20倍＝10万円

給付金合計：15万円＋10万円＝25万円

問13 解答：**2**

1．**不適切**。**減額**について示した図である。減額とは、一部解約のことであり、減額部分に対応する解約返戻金があれば払い戻される。

2．**適切**。**払済保険**について示した図である。払済保険とは、元の契約と同じ保険期間のまま、同じ種類の保険または養老保険に変更する方法である。

3．**不適切**。**延長（定期）保険**について示した図である。延長（定期）保険とは、元の契約と同じ保険金額の定期保険に変更する方法である。

問14 解答：**2**

1．**適切**。再調達価額とは、保険の対象と同等のものを新たに建築または購入するのに必要な金額のことである。なお、再調達価額から減価償却分（使用による消耗分）を差し引いた額を時価額という。

2．**不適切**。一部保険とは、保険金額（契約金額）が保険価額（時価）より小さい保険のことである。保険金額が保険価額の80％未満の場合は、実際の損害額から削減して保険金が支払われることになる。

3．**適切**。告知義務とは、契約の締結に際し、危険に関する『重要な事項』のうち保険会社が求めた事項について事実を正確に通知する義務のことである。

問15 解答：**1**

浅見さんの2024年分の所得税における総所得金額を求める。退職所得の金額は、分離課税の対象であるため総所得金額に算入しない。したがって、事業所得と給与所得の金額を合算する。

総所得金額＝事業所得の金額＋給与所得の金額

　　　　　＝350万円＋150万円＝500万円

問16 解答：**2**

1．**不適切**。控除対象配偶者とは、合計所得金額が1,000万円以下である納税者本人と生計を一にする配偶者（合計所得金額が48万円以下）である。妻の博美さんの給与所得金額は90万円であるため、控除対象配偶者ではない。したがって、祐樹さんは38万円を控除することができない。

2．**適切**。長女の裕子さんは21歳で所得がないため、特定扶養親族である。祐樹さんは63万円を控除することができる。

3．**不適切**。一般の扶養親族は16歳以上である。長男の博之さんは14歳であるため、一般の扶養親族ではない。したがって、祐樹さんは38万円を控除することができない。

問17 解答：**3**

所得税額は、課税総所得から所得控除額を差し引いた金額を速算表に当てはめて算出する。

課税総所得金額＝総所得金額－所得控除

　　　　　　　＝740万円※－60万円

　　　　　　　＝680万円

※本問において、不動産所得のほかに所得はない。

速算表より、

所得税額＝6,800,000円×20％－427,500円

　　　　＝<u>932,500円</u>

問18 解答：**3**

本問において、民法上の法定相続人は、妻、甥（兄がすでに死亡しているため、甥が代襲相続する）および弟である。

配偶者と兄弟姉妹の組み合わせ（第3順位）の場合、妻Bの法定相続分は3/4、弟および甥の法定相続分はそれぞれ1/4×1/2＝1/8である。

問19 解答：**3**

貸家建付地とは、貸家の敷地の用に供されている宅地のことをいい、相続税評価額の算式は次のとおり。

貸家建付地の相続税評価額＝自用地評価額×（1－借地権割合×借家権割合×賃貸割合）

$$\underset{\text{自用地評価額}}{(300千円×1.0×600㎡)} × (1 - \underset{\text{借地権割合}}{60\%} × \underset{\text{借家権割合}}{30\%} × \underset{\text{賃貸割合}}{100\%}) = \underline{147,600千円}$$

※　記号D＝借地権割合60％

問20 解答：**2**

・相続の放棄または限定承認は、原則として、相続の開始を知った時から（ア：**3カ月**）以内に（イ：**家庭裁判所**）に申述書を提出します。

・相続税の申告と納付　相続の開始を知った日の翌日から（ウ：**10カ月**）以内に被相続人の死亡時の住所地の所轄税務署長に申告書を提出します。

実技・日本FP協会 資産設計提案業務(第2予想)

解答一覧・苦手論点チェックシート

※ 間違えた問題に✓を記入しましょう。

問題	科目	論点	正解	難易度	あなたの苦手※ 1回目	あなたの苦手※ 2回目
1	ライフ	FPと関連法規	3	A		
2	ライフ	キャッシュフロー表	1	A		
3	ライフ	バランスシート	1	A		
4	ライフ	遺族年金	3	B		
5	ライフ	高額療養費制度	1	B		
6	金融	上場不動産投資信託（J-REIT）	1	A		
7	金融	投資信託の費用	1	B		
8	金融	新NISA	2	A		
9	不動産	建築基準法	2	B		
10	不動産	媒介契約の種類	2	A		
11	不動産	土地の価格	3	A		
12	リスク	死亡保険金	1	A		
13	リスク	ガン保険	3	A		
14	リスク	損害保険	3	A		
15	タックス	所得税の計算	2	A		
16	タックス	公的年金の雑所得	1	A		
17	タックス	扶養控除	3	A		
18	相続	相続人および法定相続分	3	A		
19	相続	贈与税の配偶者控除	3	A		
20	相続	贈与税額	2	A		

※配点は各5点
※難易度　A…基本　B…やや難　C…難問

科目別の成績

ライフ	リスク	金融
1回目　　/25	1回目　　/15	1回目　　/15
2回目　　/25	2回目　　/15	2回目　　/15

タックス	不動産	相続
1回目　　/15	1回目　　/15	1回目　　/15
2回目　　/15	2回目　　/15	2回目　　/15

あなたの得点 − 合格点 = 合格への距離

1回目

/100 − **60**/100 =

2回目

/100 − **60**/100 =

問1 解答：**3**

1．**適切**。顧客の依頼を受けた場合、弁護士や司法書士でなくても公正証書遺言の証人になることができる。

2．**適切**。生命保険募集人登録をしていない者でも、一般的な保険商品の仕組みや商品内容の説明、必要保障額の試算を行うことはできる。

3．**不適切**。宅地建物取引業の免許を受けていない者は、宅地または建物の売買・交換・賃借の媒介それらの代理などを行うことはできない。

問2 解答：**1**

> 年間収支＝収入合計－支出合計

　　2025年の年間収支＝745万円－574万円＝171万円

> 貯蓄残高＝前年の貯蓄残高×（1＋運用利率）±その年の年間収支

　　2025年の金融資産残高＝450万円×（1＋0.01）＋171万円＝625.5万円

　　　　　　　　　　　　　　　　　→ 626万円（万円未満四捨五入）

問3 解答：**1**

〈バランスシート〉 　　　　　　　　　　　　　　　　　　　　　　　　（単位：万円）

［資産］		［負債］	
金融資産		住宅ローン（自宅マンション）	1,800
普通預金	300	自動車ローン（自家用）	100
定期預金	500		
個人向け国債	50		
生命保険（解約返戻金相当額）	150	負債合計	1,900
不動産（自宅マンション）	2,500	［純資産］	（ア：1,850）
その他の動産等	250		
資産合計	3,750	負債・純資産合計	3,750

バランスシートの作成手順は次のとおり。

① 設例のデータ［保有資産（時価）］［負債残高］から、資産合計と負債合計を求める。
　資産合計は3,750万円、負債合計1,900万円となる。
② 「資産合計＝負債・純資産合計」であるため、負債・純資産合計も3,750万円となる。
③ 純資産を求める。
　純資産＝資産合計－負債合計＝3,750万円－1,900万円＝1,850万円

問4 解答：**3**

　遺族厚生年金は、厚生年金保険の被保険者等が死亡した場合、その者によって生計を維持されている一定の遺族に支給される。生計維持要件を満たすため、裕美さんは遺族厚生年金を受給できる。

また、遺族基礎年金は、18歳到達年度末日（3月31日）までの子のある妻に支給される。〈設例〉から、正一さんの死亡時点において該当する子がいるため、裕美さんは、子1人の加算額を含む遺族基礎年金を受給できる。

なお、中高齢寡婦加算は、夫の死亡当時40歳以上65歳未満の子のない妻、もしくは子のある妻の場合、妻が40歳以上65歳未満で遺族年金を受給できない期間に加算されるものであるため、裕美さんは中高齢寡婦加算を受給できない。また、寡婦年金は、第1号被保険者の独自の給付であるため、第3号被保険者（第2号被保険者の配偶者）である裕美さんは寡婦年金を受給できない。

問5 解答：**1**

高額療養費制度は、病院等の窓口で支払う1カ月あたりの自己負担が一定額（自己負担限度額）を超えた場合に、超過分が払い戻される制度である。保険診療に係る総医療費は70万円である。春生さんの標準報酬月額は「38万円」であるから、表の算式を使って医療費の自己負担限度額を求める。

- 医療費の自己負担限度額 = 80,100円 + （総医療費 − 267,000円）× 1％
  = 80,100円 + （700,000円 − 267,000円）× 1％
  = 84,430円
- 病院窓口で支払った金額 = 総医療費 × 30％
  = 700,000円 × 30％
  = 210,000円
- 高額療養費 = 病院窓口で支払った金額 − 医療費の自己負担限度額
  = 210,000円 − 84,430円
  = 125,570円

問6 解答：**1**

1．**不適切**。投資家から集めた資金で、オフィスビルや商業施設、マンションなど複数の不動産などを購入し、その賃貸収入や売買益を投資家に分配する投資信託である。株式は含まれていない。

2．**適切**。不動産投資信託（J-REIT）の分配金は配当所得となり、株式の配当金と同様に扱われる。ただし、総合課税を選択した場合であっても、配当控除の適用を受けることはできない。

3．**適切**。上場不動産投資信託（J-REIT）は、上場株式と同じく、成行注文や指値注文を行うことが可能である。

問7 解答：**1**

（ア）を求める：160,000円

新規募集時（1口当たり1円）に1,000万口購入している。

1万口当たりの基準価額は、10,000円である。

1,000万口当たりの評価額は、10,000円 × 1,000 = 10,000,000円である。

購入時手数料 = 1,000万口あたりの評価額 × 手数料率（税込み）
  = 10,000,000円 × 1.6％
  = 160,000円

（イ）を求める：普通分配金

追加型の国内公募株式投資信託の収益分配金は、個別元本方式により課税額が算出される。個別元本方式とは、受益者（投資家）ごとに税法上の元本を把握する方法である。元本超過部分は「普通分配金700円」として課税の対象となり、元本の払い戻しとみなされる部分は「元本払戻金（特別分配金）500

円」として非課税になる。

【収益分配金支払後の基準価格＜個別元本】

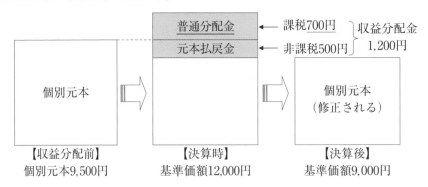

	課税700円	収益分配金
普通分配金	非課税500円	1,200円
元本払戻金		

個別元本 → 個別元本（修正される）

【収益分配前】 個別元本9,500円 【決算時】 基準価額12,000円 【決算後】 基準価額9,000円

問8 解答：**2**

適用対象者	国内に住所を有する開設年の1月1日に18歳以上の者
投資可能期間	2024〜
年間投資限度額	「つみたて投資枠」　年間（ア：**120**）万円 「成長投資枠」　　　年間（イ：**240**）万円
非課税期間	無期限
対象商品	「つみたて投資枠」　積立、分散投資に適した一定の投資信託 「成長投資枠」　　　上場株式（ＥＴＦ、Ｊ−ＲＥＩＴ含む）や株式投資信託
非課税限度額	総額（ウ：**1,800**）万円（但し、成長投資枠は1,200万円まで）

問9 解答：**2**

建築可能な建築物の延べ面積（最大延べ面積）は、前面道路の幅員が12m未満の場合、「指定容積率」と「前面道路の幅員×法定乗数」のいずれか小さい数値を敷地面積に乗じて求める。

$$4\,m \times \frac{4}{10} = \frac{16}{10} \cdots 160\% < 200\%（指定容積率）$$

よって<u>小さい数値の160%</u>を敷地面積に乗じて求める。

最大延べ面積＝面積×容積率＝300㎡×160％＝<u>480㎡</u>

問10 解答：**2**

1．**不適切**。一般媒介契約は、複数業者への重複依頼や自己発見取引ができる。また、依頼者への<u>業務処理状況報告義務はない</u>。

2．**適切**。専任媒介契約は、複数業者への重複依頼はできないが、自己発見取引はできる。また、2週間に1回以上依頼者への業務処理状況報告義務がある。

3．**不適切**。専属専任媒介契約は、複数業者への重複依頼や<u>自己発見取引はできない</u>。また、1週間に1回以上依頼者への業務処理状況報告義務がある。

【媒介契約の種類とその概要】

	一般媒介契約	専任媒介契約	専属専任媒介契約
複数業者への重複依頼	可	不可	不可
自己発見取引	可	可	不可
依頼者への業務処理状況報告義務	なし	2週間に1回以上	1週間に1回以上
指定流通機構への登録義務	なし	媒介契約締結日の翌日から7営業日以内	媒介契約締結日の翌日から5営業日以内

問11 解答：**3**

【公的な土地評価】

価格の種類	公示価格	都道府県基準値標準価格	相続税路線価
所管	国土交通省	都道府県	（ア：**国税庁**）
基準日	1月1日	（イ：**7**）月1日	1月1日
評価割合	100%	100%	公示価格の（ウ：**80**）％程度

問12 解答：**1**

西村純一さんが、2024年中に交通事故によって死亡した場合に支払われる死亡保険金は、合計（ア：**2,800万円**）である。

〈解説〉

交通事故による死亡の場合、下記の保険金を受け取ることができる。

終身保険（主契約）	保険金額	500万円
定期保険特約	保険金額	2,000万円
特定疾病保障特約	保険金額	200万円
傷害特約	保険金額	100万円

死亡保険金合計額＝500万円＋2,000万円＋200万円＋100万円＝<u>2,800万円</u>

なお、特定疾病保障特約は、保険期間中に特定疾病保険金が支払われることなく死亡した場合、死亡原因にかかわらず、死亡保険金が支払われる。

問13 解答：**3**

仲畑光一さんが、2024年中に初めてガン（悪性新生物）と診断され、その後30日間入院し、給付倍率20倍の手術（1回）を受けた場合に支払われる給付金の合計額は、（ア：**250万円**）である。

〈解説〉
　ガン（悪性新生物）による入院・手術の場合、下記の給付金を受け取ることができる。

ガン診断給付金	初めてガンと診断されたとき	200万円
ガン入院給付金	1日につき	日額　10,000円
手術給付金	1回につき	手術の種類に応じて ガン入院給付金日額 の10倍・20倍・40倍

　ガン診断給付金：200万円

　ガン入院給付金：10,000円×30日＝30万円

　手術給付金　　：10,000円×20倍＝20万円

　給付金合計　　：200万円＋30万円＋20万円＝<u>250万円</u>

問14　解答：3

１．**対象になる。**普通傷害保険は、国内外を問わず、日常生活での怪我などを補償する。

２．**対象になる。**火災保険は、自宅内だけでなく、近隣の失火が原因となる火災による損失も補償対象である。

３．**対象にならない。**自動車運転中の賠償事故は、自動車保険の対物賠償で補償される。個人賠償責任保険は補償の対象外である。

問15　解答：2

　所得税の速算表より課税される所得金額500万円（＝650万円－150万円）の場合、税率20％、控除額427,500円である。

　　所得税額＝課税される所得金額×税率－控除額

　　　　　　＝（総所得金額－所得控除）×税率－控除額

　　　　　　＝（650万円－150万円）×20％－427,500円

　　　　　　＝<u>572,500円</u>

問16　解答：1

　石川さんは68歳であるため、65歳以上の区分の速算表を使って計算をする。

　　雑所得の金額＝公的年金等の収入金額－公的年金等控除額

　　　　　　　　　＝250万円－110万円

　　　　　　　　　＝<u>140万円</u>

問17　解答：3

　長女の玲奈さんは19歳以上23歳未満で収入がないため、特定扶養親族として63万円が控除される。また、長男の孝明さんは16歳以上の親族で収入がないため、一般扶養親族として38万円が控除される。したがって、扶養控除の合計額は63万円＋38万円＝<u>101万円</u>となる。

問18　解答：3

　本問において、民法上の法定相続人は、妻、二男、長女の３人である（長男は相続放棄をしているため相続人とはならないため、孫（長男の子）も相続人とはならない）。

配偶者と子の組み合わせ（第1順位）の場合、妻の法定相続分は2分の1、二男と長女の法定相続分は各4分の1である。

問19 解答：**3**

「贈与税の配偶者控除を受ける場合、基礎控除（ア：**110**）万円とは別に最高（イ：**2,000**）万円の控除を受けることができます。なお、贈与税の配偶者控除を受けるためには、贈与があった日において、配偶者との婚姻期間が（ウ：**20**）年以上あること等の所定の要件を満たす必要があります。」

問20 解答：**2**

暦年課税は、1暦年間（1月1日から12月31日まで）に受贈者が贈与により取得した財産の合計額から基礎控除110万円を控除した残額に対して課税される。

《適用税率》
- 18歳以上の者が直系尊属（父母や祖父母など）から受贈：特例税率
- それ以外の受贈：一般税率

本問は、現金150万円を父から子（35歳）に、現金100万円を祖父から孫（35歳）、現金100万円を祖母から孫（35歳）に贈与したケースであるため、特例税率の速算表を用いて贈与税額を計算する。

贈与税額＝（贈与税の課税価格－基礎控除）×税率（速算表より）
　　　　＝（150万円＋100万円＋100万円－110万円）×15％－10万円
　　　　＝<u>26万円</u>

MEMO

MEMO

'24−'25年本試験をあてる
TAC直前予想模試　FP技能士3級

2024年5月21日　初　版　第1刷発行

編　著　者　　Ｔ Ａ Ｃ 株 式 会 社
　　　　　　　　　　　　　　　　　（FP講座）
発　行　者　　多　田　敏　男
発　行　所　　TAC株式会社　出版事業部
　　　　　　　　　　　　　　　　　（TAC出版）
　　　　　　　　〒101-8383
　　　　　　　　東京都千代田区神田三崎町3-2-18
　　　　　　　　電話 03（5276）9492（営業）
　　　　　　　　FAX 03（5276）9674
　　　　　　　　https://shuppan.tac-school.co.jp

組　　版　　株式会社　グ ラ フ ト
印　　刷　　株式会社　ワ　コ　ー
製　　本　　東 京 美 術 紙 工 協 業 組 合

© TAC 2024　　Printed in Japan　　　　　　　　ISBN 978-4-300-11202-1
　　　　　　　　　　　　　　　　　　　　　　　　N.D.C. 338

TAC出版 書籍のご案内

TAC出版では、資格の学校TAC各講座の定評ある執筆陣による資格試験の参考書をはじめ、資格取得者の開業法や仕事術、実務書、ビジネス書、一般書などを発行しています！

TAC出版の書籍

*一部書籍は、早稲田経営出版のブランドにて刊行しております。

資格・検定試験の受験対策書籍

- ❂日商簿記検定
- ❂建設業経理士
- ❂全経簿記上級
- ❂税　理　士
- ❂公認会計士
- ❂社会保険労務士
- ❂中小企業診断士
- ❂証券アナリスト

- ❂ファイナンシャルプランナー(FP)
- ❂証券外務員
- ❂貸金業務取扱主任者
- ❂不動産鑑定士
- ❂宅地建物取引士
- ❂賃貸不動産経営管理士
- ❂マンション管理士
- ❂管理業務主任者

- ❂司法書士
- ❂行政書士
- ❂司法試験
- ❂弁理士
- ❂公務員試験(大卒程度・高卒者)
- ❂情報処理試験
- ❂介護福祉士
- ❂ケアマネジャー
- ❂電験三種　ほか

実務書・ビジネス書

- ❂会計実務、税法、税務、経理
- ❂総務、労務、人事
- ❂ビジネススキル、マナー、就職、自己啓発
- ❂資格取得者の開業法、仕事術、営業術

一般書・エンタメ書

- ❂ファッション
- ❂エッセイ、レシピ
- ❂スポーツ
- ❂旅行ガイド (おとな旅プレミアム/旅コン)

FP（ファイナンシャル・プランナー）対策書籍のご案内

TAC出版のFP（ファイナンシャル・プランニング）技能士対策書籍は金財、日本FP協会それぞれに対応したインプット用テキスト、アウトプット用テキスト、インプット＋アウトプット一体型教材、直前予想問題集の各ラインナップで、受検生の多様なニーズに応えていきます。

みんなが欲しかった！シリーズ

『みんなが欲しかった！ FPの教科書』
- ●1級 学科基礎・応用対策 ●2級・AFP ●3級
- 1級：滝澤ななみ 監修・TAC FP講座 編著・A5判・2色刷
- 2・3級：滝澤ななみ 編著・A5判・4色オールカラー
- ■ イメージがわきやすい図解と、シンプルでわかりやすい解説で、短期間の学習で確実に理解できる！動画やスマホ学習に対応しているのもポイント。

『みんなが欲しかった！ FPの問題集』
- ●1級 学科基礎・応用対策 ●2級・AFP ●3級
- 1級：TAC FP講座 編著・A5判・2色刷
- 2・3級：滝澤ななみ 編著・A5判・2色刷
- ■ 無駄をはぶいた解説と、重要ポイントのまとめによる「アウトプット→インプット」学習で、知識を完全に定着。

『みんなが欲しかった！ FPの予想模試』
- ●3級 TAC出版編集部 編著
- 滝澤ななみ 監修・A5判・2色刷
- ■ 出題が予想される厳選模試を学科3回分、実技2回分掲載。さらに新しい出題テーマにも対応しているので、本番前の最終確認に最適。

『みんなが欲しかった！ FP合格へのはじめの一歩』
- 滝澤ななみ 編著・A5判・4色オールカラー
- ■ FP3級に合格できて、自分のお金ライフもわかっちゃう。本気でやさしいお金の入門書。自分のお金を見える化できる別冊お金ノートつきです。

わかって合格るシリーズ

『わかって合格る FPのテキスト』
- ●3級 TAC出版編集部 編著
- A5判・4色オールカラー
- ■ 圧倒的なカバー率とわかりやすさを追求したテキスト！さらに人気YouTuberが監修してポイント解説をしてくれます。

『わかって合格る FPの問題集』
- ●3級 TAC出版編集部 編著
- A5判・2色刷
- ■ 過去問題を徹底的に分析し、豊富な問題数で合格をサポート！さらに人気YouTuberが監修しているので、わかりやすさも抜群。

スッキリシリーズ

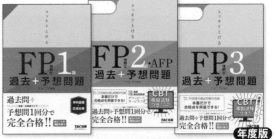

『スッキリわかる FP技能士』
- ●1級 学科基礎・応用対策 ●2級・AFP ●3級
- 白鳥光良 編著・A5判・2色刷
- ■ テキストと問題集をコンパクトにまとめたシリーズ。繰り返し学習を行い、過去問の理解を中心とした学習を行えば、合格ラインを超える力が身につきます！

『スッキリとける 過去＋予想問題 FP技能士』
- ●1級 学科基礎・応用対策 ●2級・AFP ●3級
- TAC FP講座 編著・A5判・2色刷
- ■ 過去問の中から繰り返し出題される良問で基礎力を養成し、学科・実技問題の重要項目をマスターできる予想問題で解答力を高める問題集。

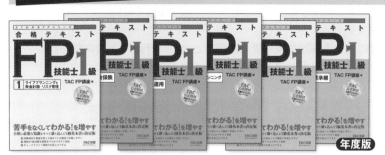

書籍の正誤に関するご確認とお問合せについて

書籍の記載内容に誤りではないかと思われる箇所がございましたら、以下の手順にてご確認とお問合せをしてくださいますよう、お願い申し上げます。
なお、正誤のお問合せ以外の書籍内容に関する解説および受験指導などは、一切行っておりません。
そのようなお問合せにつきましては、お答えいたしかねますので、あらかじめご了承ください。

1 「Cyber Book Store」にて正誤表を確認する

TAC出版書籍販売サイト「Cyber Book Store」の
トップページ内「正誤表」コーナーにて、正誤表をご確認ください。

CYBER TAC出版書籍販売サイト
BOOK STORE

URL：https://bookstore.tac-school.co.jp/

2 1の正誤表がない、あるいは正誤表に該当箇所の記載がない
⇒ 下記①、②のどちらかの方法で文書にて問合せをする

★ご注意ください★

お電話でのお問合せは、お受けいたしません。
①、②のどちらの方法でも、お問合せの際には、「お名前」とともに、
「対象の書籍名（○級・第○回対策も含む）およびその版数（第○版・○○年度版など）」
「お問合せ該当箇所の頁数と行数」
「誤りと思われる記載」
「正しいとお考えになる記載とその根拠」
を明記してください。
なお、回答までに1週間前後を要する場合もございます。あらかじめご了承ください。

① ウェブページ「Cyber Book Store」内の「お問合せフォーム」より問合せをする

【お問合せフォームアドレス】

https://bookstore.tac-school.co.jp/inquiry/

② メールにより問合せをする

【メール宛先　TAC出版】

syuppan-h@tac-school.co.jp

※土日祝日はお問合せ対応をおこなっておりません。
※正誤のお問合せ対応は、該当書籍の改訂版刊行月末日までといたします。

乱丁・落丁による交換は、該当書籍の改訂版刊行月末日までといたします。なお、書籍の在庫状況等により、お受けできない場合もございます。
また、各種本試験の実施の延期、中止を理由とした本書の返品はお受けいたしません。返金もいたしかねますので、あらかじめご了承くださいますようお願い申し上げます。

（2022年7月現在）